Gerhard Schmied

Sterben und Trauern in der modernen Gesellschaft

Gerhard Schmied

Sterben und Trauern in der modernen Gesellschaft

Leske Verlag + Budrich, Opladen 1985

CIP-Kurztitelaufnahme der Deutschen Bibliothek

Schmied, Gerhard:
Sterben und Trauern in der modernen Gesellschaft/
Gerhard Schmied. – Opladen: Leske und Budrich, 1985.

ISBN: 3-8100-0506-1

Gesamtherstellung: Hain Druck GmbH, Meisenheim/Glan
Printed in Germany.

Vorwort

Das vorliegende Buch will in erster Linie Informationen zu Sterben, Tod und Trauern vermitteln, und darunter solche, die bisher in deutscher Sprache noch nicht zugänglich waren. Es soll auch helfen. Kann Information jemand helfen? Aus eigenem Erleben weiß ich, daß die sachliche, auch wissenschaftliche Auseinandersetzung mit Tod und Trauer die Bewältigung eines Verlustes erleichtern kann. Und vor allem ist Information oft die Voraussetzung für wirkliche Hilfe, die mehr ist als das Bemühen.

Der Autor ist Soziologe, und die daraus resultierende wissenschaftliche Orientierung ist leitend, wenn für unseren gegenwärtigen Lebensraum, die westlichen Industriegesellschaften, Eigenarten und Probleme von Sterben, Tod und Trauern sowie ihre Einbettung in die Gesamtkultur dargelegt werden. Das bedeutet jedoch kein striktes Ausklammern der historischen Sichtweise. Im Kontrast zur Vergangenheit werden vielfach erst Besonderheiten von Sterben, Tod und Trauer in der Gegenwart deutlich; bisweilen wird aus dieser Perspektive aber auch sichtbar, daß manche Züge gar nicht so typisch modern sind, wie man auf den ersten Blick annimmt.

Mein Dank gilt zunächst Herrn Prof. Dr. Helmut Schoeck (Mainz) und Herrn Dr. Peter-Otto Ullrich (Frankfurt/M.), die letztlich die Initiatoren dieses Buches sind. Zu danken habe ich weiter Herrn Dr. med. Peter Zimmermann (Bad

Segeberg) für die Lektüre der medizinischen Passagen, Frau Angelika Albrecht M.A. für die sorgfältige Erstellung des Manuskripts sowie den Teilnehmern eines Seminars zur Thematik am Institut für Soziologie der Universität Mainz im Wintersemester 1982/83. Widmen möchte ich dieses Buch meiner Schwiegermutter (+ 1976), an deren Leiden ich die Hilflosigkeit gegenüber der Geisel Krebs erleben mußte, und meiner Mutter (+ 1978), deren plötzlicher Tod mich tief traf.

Mainz, im Mai 1984 *Gerhard Schmied*

Inhalt

1. Sterben in der modernen Gesellschaft

1.1 Definitionen des Sterbens

„Unser Sterben beginnt mit der Geburt und endet mit dem Tod". Eine derartige Bestimmung des Sterbevorgangs[1] mag einer melancholischen Betrachtung des Lebens entgegenkommen, es mögen sogar Argumente aus der Zellbiologie für sie zu finden sein[2]. Sie entspricht aber weder dem Alltagsverständnis, noch ist sie geeignet, das Spezifische jenes Lebensabschnitts deutlich zu machen, der dem Eintreten des Todes vorgelagert ist.

Eine vorläufige Begriffsbestimmung könnte lauten: „Sterben ist ein Prozeß, der mit dem Tod endet". Der Tod als Abschluß des Prozesses wird unbestritten bleiben. Wann aber setzt dieser Prozeß ein? Das ist die Schlüsselfrage für eine Bestimmung des Begriffs „Sterben". Robert J. Kastenbaum legte vier Vorschläge für eine Definition des Sterbens vor[3], die im folgenden aufgeführt werden sollen, wobei allerdings etwas andere Akzente gesetzt werden, als sie bei Kastenbaum zu finden sind.

Die erste Definition lautet: Sterben beginnt, wenn die Fakten erkannt werden. Der Erkennende ist der Arzt, der von einem Patienten konsultiert wird, wobei der Patient keinesfalls den Verdacht einer tödlichen Krankheit hegen muß. Wenn der Arzt aber eine solche Krankheit diagnostiziert, ist der Kranke für ihn ein Sterbender. Der Arzt ist so der „gate–keeper"[4], der Türhüter, der den Eintritt in die Rolle des Sterbenden regelt. Sein Urteil ist kein beliebiges, sondern es ist ein professionelles; es ist das Urteil eines Menschen , der in einer Gesellschaft als speziell zu diesem Urteil befähigt gilt.

In der zweiten Definition ist die soziale Komponente stärker ausgeprägt: Sterben beginnt, wenn über die Fakten geredet wird. Kastenbaum meint damit die Kommunikation zwischen Arzt und Patient über die Situation des Kranken. Hier soll aber lediglich die Information der Angehörigen über den Zustand des Patienten in Betracht gezogen werden, die vielfach vor einer Unterrichtung des Betroffenen selbst stattfindet[5]. Das kranke Familienmitglied wird nun in besonderer Weise behandelt; man sieht es immer unter dem Blickwinkel des nicht mehr lange Lebenden bzw. des Menschen, der bald gestorben sein wird. Häufig wird der Kranke, auch wenn er nicht über seinen Zustand informiert wird, aus dem Verhalten seiner Angehörigen heraus spüren, daß „etwas nicht mit ihm stimmt".

Kastenbaum ist der Auffassung, daß der Sterbenskranke, auch wenn man versucht, ihm seine Situation nahezubringen, nicht immer willens oder in der Lage ist, die Tragweite des Zustandes voll zu erfassen. Er kann z.B. das Zutreffen einer Diagnose leugnen (vgl. 1.7). Daher schlägt er als dritte Definition vor: Sterben beginnt, wenn der Patient sich der Fakten bewußt wird oder sie akzeptiert. Für sich gesehen stirbt der Patient erst, wenn er die lebensbedrohliche Situation erfaßt, was in der Regel eine entsprechende ärztliche Information voraussetzt.

Überwiegend vom medizinischen Verständnis geprägt ist die vierte Definition: Sterben beginnt, wenn nichts mehr getan werden kann, um das Leben zu erhalten. Hier ist eine neue Phase des Sterbeprozesses erreicht. Alle therapeutischen Möglichkeiten erscheinen ausgeschöpft. Der Patient wird „aufgegeben".

Dieses Urteil „aufgegeben" enthält in mehreren Dimensionen soziale Komponenten.

Es ist zunächst abhängig von „der Organisation der

therapeutischen Maßnahmen, des medizinischen Unterrichts und rechtsverbindlicher Verlautbarungen"[6]. Aber nicht nur die medizinischen Einrichtungen, das Wissen der Ärzte und gesetzliche Regelungen bestimmen das „Aufgeben". Es gibt informelle, oft nie ausgesprochene Maßstäbe, die mit soziologischen Kategorien faßbar sind. So ist die Definition „sterbend" im Sinne von „aufzugeben" abhängig vom Status einer Person. Ältere Personen wurden in einem von David Sudnow untersuchten Hospital eher aufgegeben als jüngere[7]; dasselbe galt für Personen ohne Angehörige, die sich intensiv um sie kümmern[8], sowie für Personenkreise, die allgemein in schlechtem Ansehen stehen, für Abweichler wie „Selbstmörder, Rauschgiftsüchtige, Prostituierte, Gewaltverbrecher, Landstreicher, Leute, die dafür bekannt sind, daß sie ihre Frau verprügeln, usw."[9].

Aber auch unabhängig vom sozialen Status treten mit der Klassifikation „aufgegeben" Verhaltensweisen auf, die den Sterbenden von anderen Patienten differenzieren. Die Verhaltensunterschiede mögen subtil – der Arzt kann z.B. sich eher krampfhaft bemühen, seine eigene Betroffenheit nicht auszudrücken – oder recht massiv sein – er kann den als hoffnungslosen Fall erkannten Sterbenden nur noch nachlässig behandeln –, sie sind auf jeden Fall eine wichtige Komponente für diese Definition des Sterbens. Sudnow sieht derartige Verhaltensweisen gar als alleiniges Definitionsmerkmal, wobei er sich allerdings stets auf das Sterben und den Tod in der Klinik bezieht. Er führt aus: „ ‚Tod' und ‚Sterben' *sind* . . . nichts weiter als die Art der Betätigungen, die vollzogen werden, wenn das Krankenhauspersonal im Laufe seiner Arbeitsroutine von diesen Ausdrükken Gebrauch macht"[10]. Tatsächlich sind in der Klinik, die der Kranke bei einem auffällig fortgeschrittenen Stadium seiner Krankheit aufsucht, mit der Klassifikation „Sterbender" eine ganze Reihe von Verhaltensänderungen verbunden, so daß man beim Fall eines stationären Patienten sagen kann, daß mit der Diagnose „unheilbar krank oder verletzt, vergiftet usw. mit bald zu erwartendem Tod" ein neuer Abschnitt beginnt. Der Kranke darf z.B. jederzeit Besuch empfangen. Er wird in die Planung der Pathologie einbezogen. Die Frage, ob die Angehörigen einer Obduktion oder einer Organspende zustimmen werden, wird erörtert. Der Geistliche, der die Klinik betreut, wird auf die Situation des Patienten verwiesen.[11]

Wenn man das Sterben als *sozialen* Prozeß sieht, so werden durch die zweite der vier explizierten Definitionen in Anlehnung an Kastenbaum die *Mindestvoraussetzungen für Sterben in modernen Gesellschaften* erfaßt. Hier wird über die Diagnose kommuniziert, und sie wird im sozialen Miteinander massiv wirksam. Natürlich haben unter dieser Annahme einzelne kein eigentliches Sterben. Unfallopfer z.B. ereilt oft ein ganz schneller Tod. Aber ein soziologisches und ein medizinisches Schema sollen als Indizien dienen, durch die die Angemessenheit dieser „Mindestdefinition" für moderne Gesellschaften aufgewiesen wird.

Die amerikanischen Soziologen Barney G. Glaser und Anselm L. Strauss entwickelten in ihrer Schrift „Time for dying" das Konzept der „Sterbensbahn" („dying trajectory"[12]). Es bezeichnet eine gedankliche Konstruktion vor allem auf Seiten des medizinischen Personals, die sich neben dem Aspekt der Erwartung vor allem auf die Dauer des Sterbens bezieht. Glaser und Strauss unterscheiden
1. die erwartet schnelle Bahn („expected quick trajectory"),
2. die unerwartet schnelle Bahn („unexpected quick trajectory"),
3. die zögernde Bahn („lingering trajectory"[13]).

Im Fall der ersten Bahn kommt ein Mensch in eine Situation, in der schnelle Hilfe nötig ist. Das gilt für Schwerverletzte nach Unfällen, Patienten nach einer komplizierten Operation, Menschen nach einem Suizidversuch. Die unerwartet schnelle Bahn läßt sich an überraschenden, ernsten Komplikationen nach einer Routineoperation verdeutlichen. Diesen beiden Bahnen steht das zögernde Sterben etwa der Krebspatienten gegenüber. Jede Bahn ist von unterschiedlichen Aktivitäten begleitet. Das medizinische Personal engagiert sich im Falle schneller Bahnen stark[14]; der Patient soll gerettet werden. Die Angehörigen werden eiligst verständigt; sie sollen den in Todesgefahr schwebenden Verwandten nach Möglichkeit noch sehen können: D.h., daß Sterben im oben erörterten Sinne auch in diesen Situationen festzustellen ist. Bei „zögernder Bahn“ wird der Sterbende vor allem versorgt, dramatische Aktionen treten kaum auf. Das Interesse der schon lange unterrichteten Angehörigen läßt mit der Zeit nach. Die „zögernde Bahn“ ist für Glaser und Strauss das verbreitetste Sterben.

Aus medizinischer Sicht hat Volker Witzel im Rahmen einer eigenen Untersuchung vier Kategorien von Sterbenden unterschieden:

„1. Die aus scheinbar völliger Gesundheit, innerhalb weniger Minuten versterbenden Patienten z.B. durch Riß eines Aortenaneurysmas oder durch eine Lungenembolie. Von 110 Patienten waren es in unserer Untersuchungsreihe 9.
2. Die an einer akuten Erkrankung versterbenden Patienten, z.B. nach einem Herzinfarkt. Diese lebten noch durchschnittlich 4,2 Tage nach Auftreten des akuten Ereignisses.
3. Die Patienten, die an chronischen Erkrankungen litten, an einem akuten Schub dieser Krankheit verstarben, z.B. Patienten mit Leberzirrhose. Diese Patienten lebten nach Auftreten des akuten Schubes durchschnittlich noch 8,4 Tage.
4. Die Patienten, die an einer chronischen Krankheit langsam starben. Hierzu gehören die Krebspatienten“[15].

Abgesehen von den unter 1. angeführten kann bei allen Sterbefällen eine Verständigung zumindest zwischen Arzt und Angehörigen vorausgesetzt werden.

Aus den beiden erörterten Klassifikationen wird auch ersichtlich, daß Sterben in modernen Gesellschaften selten als kurzer Prozeß aufgefaßt werden kann. Dieses Charakteristikum modernen Sterbens soll über die Analyse von demographischen Daten nun im Detail behandelt werden.

1.2 Charakteristika modernen Sterbens: Analysen demographischer Daten

1.2.1 Ergebnis 1: Das lange Sterben

In seiner „Geschichte des Todes" analysiert Philippe Ariès die sog. Romane der Tafelrunde, um die Einstellung gegenüber dem Sterben in unserem Kulturraum vor dem 12. Jahrhundert zu ermitteln. Er präsentiert folgende Stelle, in der der Held Gawan gefragt wird: „Lieber, guter Herr, gedenkt Ihr denn so bald zu sterben?" Gawan antwortet: „Ja, so erfahrt denn, daß ich nur mehr zwei Tage leben werde"[16]. In zwei Hinsichten unterscheidet sich das Sterben Gawans von dem in modernen Gesellschaften. Heute ist normalerweise der Arzt derjenige, der die noch zu erwartende Spanne Leben prognostiziert. Hier ist es der vom Tod Betroffene selbst. Und die Spanne vor dem Tode ist im Falle Gawans kurz. Heute dagegen muß man in vielen Fällen von einem langen Sterben sprechen. Anhand der Daten in Tabelle 1 läßt sich dies letztere verdeutlichen.

Über 20% aller Todesfälle waren im Jahre 1980 auf bösartige Neubildungen zurückzuführen, bei denen in der Mehrzahl ein langes Leiden zu erwarten ist. Ähnliches gilt für manche Krankheiten des Kreislaufsystems[19], die die häufigste Todesursache darstellen. Dagegen sind Kraftfahrzeugunfälle, Selbstmorde und Selbstbeschädigungen, bei denen oft sehr schnell der Tod eintritt, relativ seltene Todes-

Tab. 1: Sterbefälle nach ausgewählten Todesursachen in der Bundesrepublik Deutschland

Todesursachen	1968[17] in absoluten Zahlen	1968[17] in %	1980[18] in absoluten Zahlen	1980[18] in %
Bösartige Neubildungen	133.577	18	148.109	21
Krankheiten des Kreislaufsystems	317.030	43	359.503	50
Kraftfahrzeugunfälle	16.201	2	12.521	2
Selbstmord und Selbstbeschädigung	12.393	2	12.868	2
Sonstige Todesursachen	254.848	35	181.116	25
	734.049	100	714.117	100

ursachen. Vergleicht man die Zahlen und Prozentsätze der Jahre 1968 und 1980 miteinander, so kann man feststellen, daß – grosso modo – die langen Tode zunehmen und die kurzen abnehmen.

Unterschiede im Sterbeverlauf werden auch deutlich, wenn man zum Vergleich Daten aus der Jahrhundertwende heranzieht. Monroe Lerner hat für die USA zwei Datenreihen vorgelegt (vgl. Tabelle 2).

Die Daten von 1966 in Tabelle 2 gleichen in mehrfacher Hinsicht denen der Bundesrepublik Deutschland von 1968 und 1980 (vgl. Tabelle 1). Durch Zahlen für das Deutsche Reich bzw. die Bundesrepublik Deutschland wird auch ein ähnlicher Trend im *Wandel* der Todesursachen nahegelegt (vgl. Tabelle 3).

Vergleichen wir die Daten für die USA in Tabelle 2, müssen wir feststellen, daß die Todesursachen in der heutigen Zeit massierter auftreten. Chronische und degenerative Leiden, die in der Regel ein langes Sterben zur Folge haben, dominieren. Tod nach Lungenentzündung und Influenza, die 1900 die häufigsten Todesursachen darstellt, trat dagegen schon nach kurzem Krankenlager

Tabelle 2: Die 10 führenden Todesursachen in den Vereinigten Staaten[20]

Todesursache 1900	Sterbefälle auf 100.000 Pers.	% aller Todesfälle
Influenza und Lungenentzündung	202.2	11.8
Tuberkulose	194.4	11.3
Erkrankungen des Magen- und Darmbereichs	142.7	8.3
Herzerkrankungen	137.4	8.0
Gefäßbedingte Schädigungen des zentralen Nervensystems/z. B. Schlaganfall	106.9	6.2
Chronische Nierenentzündung	81.0	4.7
Alle Unfälle	72.3	4.2
Krebs	64.0	3.7
Bestimmte Kinderkrankheiten	62.6	3.6
Diphterie	40.3	2.3
1966		
Herzerkrankungen	375.1	39.3
Krebs	154.8	16.2
Gefäßbedingte Schädigungen des zentralen Nervensystems/z. B. Schlaganfall	104.6	11.0
Alle Unfälle	57.3	6.0
Influenza und Lungenentzündung	32.8	3.4
Bestimmte Kinderkrankheiten	26.1	2.7
Arteriosklerose	19.5	2.0
Diabetes	18.1	1.9
Leberzirrhose	13.5	1.4
Selbstmord	10.3	1.1
Tuberkulose	3.9	0.4[21]

Tabelle 3: Ausgewählte Todesursachen im Deutschen Reich bzw. in der Bundesrepublik Deutschland[22]

Jahr	1910	1933	1950	1970
Sterbefälle auf 100.000 Pers. durch Tuberkulose	163.5	73.1	40.6	8.3
Krankheiten des Kreislaufsystems	214.8	236.0	349.9	534.4
Krebs	79.0	136.9	174.0	221.4

auf. Hohe Todesraten in sog. Schwellenländern resultieren auch heute vor allem aus Infektionskrankheiten.[23] Sie treten häufiger in Kindheit, Jugend und frühen Erwachsenenalter auf als die chronischen und degenerativen Leiden, die typische Alterskrankheiten sind.[24] Auf diese Weise sind Todesursachen und Lebenserwartung (vgl. 1.2.2) miteinander verknüpft.

Wenn man Zahlen aus einem relativ begrenzten Raum als Nachweis akzeptiert, dann läßt sich der schnelle Tod in früheren Zeiten noch krasser verdeutlichen. Arthur E. Imhof zählte die Todesursachen von 649 in den Jahren zwischen 1715 und 1719 Verstorbenen in der Berliner Kirchengemeinde Dorotheenstadt aus. Er fand folgende Rangfolge der Todesursachen:

„1. Schwindsucht
2. Am Unglück (Kinder- und Kleinkinder)
3. Pocken
4. An den Zähnen
5. Hitziges Fieber
6. Durchfall
7. Schlagfluß
8. Stichfluß
9. Geschwulst
10. Fieber“[25].

Auch ohne daß die im heutigen medizinischen Sprachgebrauch nicht mehr üblichen Bezeichnungen analysiert werden[26], kann man von den Bezeichnungen her annehmen, daß vor allem die Ursachen 2, 4, 5, 6, 7, 8, 10 relativ schnell zum Tode geführt haben.

Das Sterben beginnt – so die hier vertretene Auffassung – mit der Kommunikation über die Todesursache. Eine Voraussetzung für diese Kommunikation ist neben der Todesursache selbst eine frühe Entdeckung sowie ein hohes Niveau der medizinischen Technik, die die frühe Entdeckung ermöglicht. Lyn H. Lofland nennt Art der Todesursache, das zeitige Erkennen und die Diagnosemöglichkeiten zugleich als drei der Bedingungen des langen Sterbens.[27] Dazu zählt sie aber auch das seltene Auftreten von Situationen, die Fatalismus hervorrufen. Das sind vor allem Zeiten, die durch Epidemien und Notzeiten geprägt sind. Phänomene wie Seuchen und Hungersnöte kommen in Industriegesellschaften kaum vor. Aber gerade Seuchen rafften in früheren Zeiten oft Millionen von Menschen hin. So starb im 14. Jahrhundert ein Viertel, möglicherweise sogar ein Drittel der Menschen in Europa an Pest.[28] Und der Pesttod trat in der Regel ganz kurz nach der Feststellung von Symptomen ein, oftmals sogar unvermittelt[29], so daß die Phase des Sterbens kaum oder gar nicht ausgeprägt war. Als letzte Bedingung für ein langes Sterben führt Lofland eine pflegerische Orientierung gegenüber dem Leben bei hoher Wertschätzung einer Verlängerung des Lebens an. Galt in früheren Zeiten die Seelsorge als die angemessene Reaktion auf die Feststellung des Sterbens, so ist es heute mehr und mehr die „Leibsorge“. Man „kämpft“ gegen den Tod. Selbst bei Patienten, die man aufgegeben hat, werden alle technischen Möglichkeiten eingesetzt, um sie möglichst lange am Leben zu erhalten. Eliot Slater nennt im Kontrast dazu die Lungenentzündung „des alten Menschen Freund"[30] und berichtet von Verhältnissen in englischen Krankenhäusern noch um 1930, als ohne wirksame Medikamente und ohne große Bemühungen um Lebensrettung viele alte Menschen relativ schnell an dieser Krankheit starben.

Das lange Sterben hat viele Implikationen. Wir haben Institutionen entwickelt, in denen das lange Sterben gelebt wird; dies sind vor allem die Kliniken (vgl. 1.4). Der lange Vorgang des Sterbens stellt sich als einer heraus, der in verschiedene Phasen gegliedert ist (vgl. 1.5 und 1.7). Und wir werden das lange Sterben als wichtige Quelle der Furcht vor dem Tode kennen lernen (vgl. 1.8).

1.2.2 Ergebnis 2: Das seltene Sterben

Der in der Demographie übliche Terminus ,,Lebenserwartung" bezieht sich auf die Zahl der Lebensjahre, die eine Person ab einem bestimmten Lebensalter noch zu erwarten hat. In der Regel rechnet man mit der Lebenserwartung bei der Geburt.[31]

Seit der Industrialisierung ist die Lebenserwartung der Menschen bei der Geburt stark gestiegen. Für das alte Griechenland nimmt man 20 Jahre und für das antike Rom 22 Jahre an.[32] In den europäischen Ländern betrug sie um 1840 40 Jahre und um 1880 50 Jahre. In den Vereinigten Staaten wurde im Zeitraum zwischen 1900 und 1902 lediglich ein Wert von 48,2 Jahren erreicht. 1974 war die Lebenserwartung bereits auf 71,9 Jahre gestiegen. Dabei ist eine steigende Tendenz zu verzeichnen. In den USA war zwischen 1969 und 1976 eine Zunahme der Lebenserwartung um 2,4 Jahre feststellbar. In den noch nicht industrialisierten Ländern entspricht die durchschnittliche Lebenserwartung z.T. noch dem Stand von 1840 in unseren Breiten. 1970 betrug sie in Mali 37,2 Jahre und 41 Jahre in Botswana und Niger.

Die niedrige Lebenserwartung in vorindustriellen Gesellschaften ist vor allem auf die höhere Kinder- und Säuglingssterblichkeit zurückzuführen. Arthur E. Imhof stellte nach der Analyse von Daten einer ländlichen Gegend in Hessen fest: Es „zeigt sich, daß man vor vierhundert Jahren (gemeint sind die Jahre 1570-1599, G. S.) im Augenblick der Geburt mit etwa 25 bis 30 Lebensjahren rechnen konnte. Wer jedoch das Säuglingsalter überstand und ein Jahr alt geworden war, weilte durchschnittlich noch weitere 35 Jahre auf Erden. Beim Eintritt ins Erwachsenenalter, also mit 15, standen noch rund vierzig Lebensjahre bevor"[33]. Der französische Historiker Francois Lebrun wies in seinen Untersuchungen über den Tod im Anjou nach, daß in der zweiten Hälfte des 17. Jahrhunderts bis 350 Kinder pro Tausend bereits vor dem Erreichen des ersten Lebensjahres starben.[34] Und noch zwischen 1875 und 1880 verstarben im Deutschen Reich 228 von 1000 Säuglingen vor Vollendung des 1. Lebensjahres.[35] Daneben sind noch Epidemien, Hungersnöte und Kriege zu nennen, die aber keineswegs so stetig die durchschnittliche Lebenserwartung beeinflußten wie das Sterben von Kindern und Säuglingen. Der Tod von Neugeborenen und Kleinkindern gehörte früher zu den Erlebnissen in nahezu jeder Familie, die sich fast zwangsläufig einstellten und die mit relativ niedrigem Gefühlsaufwand bewältigt wurden.

Die Lebenserwartung bei der Geburt betrug in der Bundesrepublik Deutschland 1978/80 fast 73 Jahre.[36]

Tabelle 4: Gestorbene nach Altersgruppen 1980 in der Bundesrepublik Deutschland[37]

Alter von ... bis ... Jahren	in absoluten Zahlen	in %
0 - 1	7.821	1
1 - 10	2.529	1
10 - 20	5.578	1
20 - 30	8.686	1
30 - 40	11.543	2
40 - 50	28.715	4
50 - 60	58.391	8
60 - 70	110.327	15
70 - 80	253.610	35
80 - 90	192.719	27
90 und mehr	34.198	5
	714.117	100

Wie aus Tabelle 4 hervorgeht, ist auch in der Bundesrepublik Deutschland zwar noch eine beträchtliche Säuglingssterblichkeit zu verzeichnen, aber die weitaus überwiegende Mehrzahl der Sterbefälle ereignet sich im Alter. Man kann mit David Riesman von einem geringen „Bevölkerungsumsatz"[38] sprechen. Es werden relativ wenige Kinder in einer Ehe geboren, aber diese erreichen in der Regel ein relativ hohes Lebensalter. Das Sterben ist somit auch bei uns selten geworden.

1.2.2.1 Exkurs: Soziale Differenzierungen der Lebenserwartung in modernen Gesellschaften

In der Bundesrepublik Deutschland lag 1978/80 die durchschnittliche Lebenserwartung der Frauen mit 76,4 Jahren um 6,8 Jahre über der der Männer[39], während noch im 19. Jahrhundert aufgrund von Tod im Kindbett, Pflege der an Infektionskrankheiten leidenden Angehörigen und Überbeanspruchung die Frauen früher starben als die Männer[40].

Für Finnland wurde eine geringere Sterblichkeit der Verheirateten gegenüber Ledigen, Verwitweten und Geschiedenen festgestellt[41]. Dieser Zusammenhang zwischen Zivilstand und Sterblichkeit wurde auch in einer Studie für die USA bestätigt[42]. Als Gründe für das niedrigere Sterberisiko der Verheirateten müssen u. a. die soziale Integration in der Ehe[43] sowie die gegenseitige Kontrolle der Ehepartner, die tendenziell Gesundheitsschäden verhindern, in Betracht gezogen werden.

Für Finnland wurde mit Bezug auf die Jahre 1969 - 1971 nachgewiesen, daß die Sterblichkeit umso geringer ist, je höher jemand in der Skala der Berufe angesiedelt ist[44]. Auch für die USA nimmt Kastenbaum an, daß Angehörige höherer Schichten länger leben als Menschen aus den Unterschichten. Im Alter zwischen 20 und 64 Jahren stürben Angehörige der fünf untersten sozioökonomischen Schichten doppelt so häufig wie Personen aus der höchsten Schicht[45]. Dagegen stellt Lerner fest, daß die Arbeiterschaft („blue colar working class"), die nicht die unterste Schicht bildet, aber zu den unteren Schichten gehört, die günstigsten Todesraten aufweise. „Diese Gruppe hat eine relativ geringe Mortalität in den jüngeren Jahren und durch Infektionskrankheiten, besonders weil sie Zugang zu guter medizinischer Versorgung im privaten medizinischen Sektor besitzt. In den mittleren Jahren leidet sie zudem weniger an den Beschwerden, die mit dem Mittelschichtenüberfluß verbunden sind"[46]. Für die Bundesrepublik Deutschland sind keine repräsentativen Daten über den Zusammenhang von Schicht und Lebenserwartung verfügbar. Lediglich für Städte wie Hannover[47] und zuletzt Stuttgart[48] liegen ansatzweise Ergebnisse vor. Die Stuttgarter Studie, die 1981 publiziert wurde, bezieht sich auf die deutschen Männer von 30 bis 69 Jahren in dieser Stadt sowie auf die folgenden Todesursachen: bösartige Neubildungen, Herzmuskelinfarkt und Leberzirrhose. Es konnte eindeutig festgestellt werden, daß die drei ausgewählten Todesursachen überdurchschnittlich oft bei den Angehörigen der unteren Schichten vorkamen. Es muß hervorgehoben werden, daß dies auch für den Infarkt gilt, der nach diesen Ergebnissen nicht die „Managerkrankheit" ist. Besonders deutlich war dieser Unterschied bei Leberzirrhose. Innerhalb der unteren Schichten erwiesen sich die Angestellten und Beamten gegenüber den Hilfsarbeitern und Facharbeitern begünstigt, was bösartige Neubildungen und Leberzirrhose betrifft. Ein solcher Unterschied traf allerdings nicht bei Herzmuskelinfarkt zu. Nach dieser Studie sind wir also noch weit von der „Klassenlosigkeit" des Todes entfernt. Angesichts der Begrenztheit des Datenmaterials wäre es aber auch verfehlt, weitreichende Schlüsse zu ziehen.

1.2.2.2 Seltenes Sterben und die Makrostrukturen moderner Gesellschaften

Die hohe durchschnittliche Lebenserwartung in den modernen Gesellschaften ist die Kehrseite des seltenen Sterbens. Calvin Goldscheider nennt die Zunahme der Lebenszeit im Laufe der Industrialisierung die Sterblichkeitsrevolution („mortality revolution"[49]).

Goldscheider sieht zwei bedeutende Faktoren für die in

den letzten 150 Jahren stets steigende Lebenserwartung.

Der erste Faktor ist die Entwicklung von Industrie wie Landwirtschaft, die mehr Menschen ein gesichertes Auskommen gewähren. „Die Langsamkeit und Regelmäßigkeit, mit denen im Europa des 19. Jahrhunderts die Sterblichkeit sank, spiegeln die Langsamkeit und Regelmäßigkeit der wirtschaftlichen und sozialen Entwicklung wider."[50]

Obwohl die Hebung des medizinischen Standards und die Verbesserung der medizinischen Versorgung letztlich Bestandteile der industriellen Revolution sind, müssen sie aus analytischen Gründen als zweiter Faktor getrennt von der allgemeinen Entwicklung gesehen werden, denn sie beschleunigten in erheblichem Maße den Rückgang der Sterblichkeit. Besonders am Beispiel von Entwicklungsländern wird deutlich, wie durch sie – unabhängig von der wirtschaftlichen Entwicklung – die Sterblichkeit beeinflußt wird. Auf der Insel Mauritius fiel zwischen 1941 und 1947 die jährliche Sterberate von 36 (bezogen jeweils auf 1000 Personen) auf 20. 1960 hatte sie 10 erreicht.[51] In Ceylon sank sie innerhalb der Jahre 1946 und 1947 infolge der Ausmerzung der Moskitos durch DDT von 20 auf 14.[52]

Goldscheider sieht Auswirkungen der „Sterblichkeitsrevolution in vielen Sektoren des modernen Lebens. Dabei möchte er jedoch den Rückgang der Sterblichkeit lediglich als einen von mehreren Wirkfaktoren gewertet wissen.

In besonderer Weise wurde der Wandel der Familie durch den seltener gewordenen Tod beeinflußt. Die Verwandtschaft verlor an Bedeutung, und die Kernfamilie (Eltern und unmündige Kinder) gewann Eigenständigkeit, da sie nicht mehr durch Tod so häufig gefährdet war. Durch die nachlassende Kindersterblichkeit war es möglich, die Zahl der Geburten zu beschränken, ohne daß dies zu Überlebensproblemen für die Gesellschaft führte. Für die Partnerwahl konnte angesichts eines zu erwartenden langen Lebens der künftigen Ehepartner relativ viel Zeit angesetzt werden, in der die Gefühle füreinander entwickelt wurden. So steht auch die Vorstellung der „romantischen Liebe", der Partnerwahl nach Sympathie, die heute das Leitbild der ehelichen Beziehungen ist, im Zusammenhang mit dem Rückgang der Sterblichkeit. Auch die Gefühlsbande zwischen Eltern und Kindern werden stärker ausgeprägt sein, wenn davon ausgegangen werden kann, daß die Kinder nicht schon bald sterben. Goldscheider sieht weiter einen Zusammenhang zwischen langer Ehedauer und Scheidungshäufigkeit. Die „serielle Monogamie" durch Wiederverheiratung nach dem Tod des Ehepartners in vorindustriellen Verhältnissen wurde von einer solchen durch Wiederverheiratung nach Scheidung in modernen Gesellschaften abgelöst.

Auswirkungen einer durchschnittlich sehr langen Lebenszeit auf den wirtschaftlichen Sektor sind die Möglichkeiten langfristigen Planens, die typisch für das moderne Wirtschaften sind, sowie lange Ausbildungzeiten, die eine Voraussetzung für Spezialisierungen darstellen, die wiederum Neuerungen und damit Wandel fördern.

Der Tod in vorindustriellen Gesellschaften ist nicht nur häufig, sondern es fehlen für ihn auch die rationalen Erklärungen, die die moderne Medizin bereitstellt. Die Erklärungen müssen in der Religion gesucht werden. Nach Goldscheider steht die nachlassende Bedeutung der Religion in modernen Gesellschaften im Zusammenhang mit der Seltenheit des Todes und den Möglichkeiten, seine Ursachen zu ergründen. Hier werden die von Goldscheider selbst gezogenen Grenzen seines Ansatzes überdeutlich. Ein typisches Charakteristikum unserer Zeit, wie die Säkularisierung, darf nicht monokausal gesehen werden. Die Häufigkeit und Erklärbarkeit des Sterbens ist sicherlich nur ein und auch sicherlich nicht der wichtigste Grund für dieses Phänomen.

1.2.2.3 Seltenes Sterben und die Mikrostrukturen moderner Gesellschaften

Auch in anderer Hinsicht ist das Sterben selten. Hier geht es weniger um das Vorkommen des Todes als um das Erleben des Sterbens und des Todes, um das face to face gegenüber Sterbenden und Toten, das Alois Hahn mit „intensivem Todkontakt“[53] bezeichnet. Dieser Aspekt des seltenen Sterbens steht im direkten Zusammenhang mit dem Familienleben in modernen Gesellschaften.

Die Familie ist auch heute noch einer der wichtigsten Faktoren des sozialen Lebens. Gewiß hat sie Funktionen verloren (vgl. 1.4.1). Aber gleichzeitig ist die Intensität des Gefühlslebens in der Familie gewachsen. Sie ist der Raum, in dem Affekte ausgelebt werden können, während die Arbeitswelt einen Bereich darstellt, der gefühlsmäßig neutral definiert wird[54], und in der Praxis erreichen die gefühlsmäßigen Beziehungen zwischen Arbeitskollegen kaum je den Grad der Intensität, der selbst in Familien üblich ist, in denen die Affektäußerungen wenig ausgeprägt sind. Das emotionale Klima der Familie, das übrigens von der Zuneigung zwischen den Gatten, von Liebe zwischen Eltern und Kindern ebenso bestimmt sein kann wie von Haß der Ehepartner aufeinander oder von tiefgreifenden Generationskonflikten, läßt enge Bindungen in der Familie entstehen.

Ein zweites Charakteristikum der modernen Familie ist ihr geringer zahlenmäßiger Umfang. Es ist zwar falsch, von einer generellen „Kontraktion“ der Familie in dem Sinne zu sprechen, daß die Großfamilie der vorindustriellen Epochen nun der Kleinfamilie gewichen sei. Das „Kontraktionsgesetz“ – dieser Begriff wurde von Émile Durkheim[55] geprägt – gilt in dieser Form nicht. Es gab auch schon vor der Industrialisierung Kleinfamilien, und zwar dürften sie den am häufigsten vorkommenden Typus dargestellt haben[56]. Heute jedoch dominiert dieser Typus absolut, der aus den Gatten und den Kindern besteht.

Stirbt eines dieser Familienmitglieder, so sind die Angehörigen in der Regel zutiefst betroffen. Lediglich eine längere Phase, in der eine Person selbst in Todesgefahr schwebt, stellt eine vergleichbare Lage dar. Aber in diesem Personenkreis, der die Ehepartner und ihre noch bei ihnen wohnenden Kinder umfaßt, ist, wie gezeigt werden konnte, Sterben selten.

Hahn schätzt, daß in einer Familie nur alle 10 bis 15 Jahre ein Todesfall vorkommt[57]. Dabei ist wohl das Sterben der Großeltern der jüngsten Generation einbezogen. Im Falle der Großeltern ist die Betroffenheit zwar noch stark, meist jedoch nicht mehr so intensiv wie in den beiden vorgenannten Konstellationen (Tod von Gatten oder Kindern und längeres Erleben des drohenden Todes bei sich selbst). Die Großeltern wohnen meist nicht mehr im Familienverband. Sterben bedeutet auch Lösung sozialer Bande. Diese Lösung wird von den Hinterbliebenen um so schmerzhafter empfunden: 1. je weniger der Verstorbene ersetzbar ist und 2. je wichtigere Funktionen er im Alltag einnimmt. Hier aber zeigt sich, daß der ältere Mensch, der zum Sterben kommt, nicht immer eine schmerzliche Lücke hinterläßt. Er besucht nach dem Tod die Familie seiner Kinder und Enkel nicht mehr, Geschenke bleiben aus, aber das Leben kann im großen und ganzen weitergehen; es fehlt nichts Entscheidendes. Denn die Lösung der Bande, die der Tod durchschneidet, begann bereits mit der räumlichen Trennung des alten Menschen von der neu entstehenden Familie und deutlicher bei einem Einzug in ein Altersheim.

Zusammenfassend kann festgestellt werden, daß Sterben nicht nur selten vorkommt, sondern auch seltener in einer Weise erlebt wird, die das Phänomen des Sterbens in seiner Tragweite bewußt werden läßt. In einer Befragung von 50 Personen im Alter von 20-25 Jahren gaben nur zwei an, einen Leichnam mit Bewußtsein gesehen zu haben[58]. Über 60% der von Richard A. Kalish und David K. Reynolds befragten US-Amerikaner antworteten mit „Nein“ auf die

Frage, ob sie in den beiden vergangenen Jahren Sterbende besucht oder mit ihnen gesprochen hätten[59]. Auch das Ergebnis einer Befragung, nach dem in Großbritannien 15% der Probanden, und zwar meist solche unter 34 Jahren, noch nie an einer Beerdigung oder Kremation teilnahmen[60], ist in diesem Kontext verstehbar.

Der seltene Tod hat weitere Auswirkungen vor allem auf das Verhalten der Menschen, und zwar sowohl derer, die das Sterben durchleiden, als auch derer, die als Angehörige das Sterben eines der Ihren miterleben müssen. Sterben wie Begleitung von Sterbenden sind nicht mehr eingeübt[61], und über den damit verbundenen Preis, der für das an sich positive Datum des seltenen Sterbens gezahlt werden muß, wird noch zu handeln sein.

Was selten vorkommt und, dies vor allem, was einen selten zutiefst anrührt, ist selten Gegenstand der Reflexion und Kommunikation. Dies ist der Grund, warum Sterben als einer der existentiell bedeutsamsten Vorgänge so wenig thematisiert wird. Denn wenn die Menschen heute von einem Trauerfall betroffen sind oder selbst dem Tode nahe sind, beschäftigen sie sich in der Regel damit und reden darüber. Das mußte selbst John Okoro feststellen[62], der eine Verdrängung des Todes annimmt[63]. Ich kann mich daher der Auffassung vieler Kulturkritiker, der Tod werde „tabuisiert“ oder – in der Sprache der Psychoanalyse – „verdrängt“, nicht anschließen. Aber Auffassungen sind sozial konstituiert und vor allem sozial wirksam, selbst wenn sie unzutreffend sind. Das gilt auch für die Vorstellung, der Tod werde tabuisiert oder verdrängt.

1.3 Charakteristika modernen Sterbens und des modernen Todes: Tabuisiert, verdrängt, privatisiert?

Werner Fuchs hat darauf verwiesen, daß „Verdrängung, Tabuisierung, Banalisierung, Bagatellisierung, Privatisierung, Entöffentlichung“[64] – alle diese Termini wollen einen in etwa identischen Sachverhalt treffen – von verschiedenen Positionen aus für den Tod in der Gegenwart reklamiert werden. Die Gründe für diese Tabuisierung, Verdrängung usw. von Sterben und Tod werden meist in Eigenarten unserer modernen Gesellschaften gesehen.

Eine der Grundpositionen zur Problematik der Verdrängung vertritt Max Scheler. Scheler unterscheidet jedoch zwischen legitimer und illegitimer Verdrängung des Todes. Durch diese Unterscheidung ist seine Auffassung differenzierter als die der meisten Vertreter der Verdrängungsthese.

„Es gibt eine Verdrängung der Todesidee, die bis zu einem gewissen Maße eine allgemeine und normale Erscheinung der menschlichen Natur darstellt. Und diese Erscheinung ist zweifellos von hoher vitaler Zweckmäßigkeit. Nur durch die Zurückdrängung der Todesidee aus der Zone des klaren Beachtungsbewußtseins wächst den einzelnen Nützlichkeitsaktionen des Menschen jener ‚Ernst' und jene Gewichtigkeit und Bedeutsamkeit zu, die ihnen fehlten, wenn der Todesgedanke uns immer klar und deutlich im Bewußtsein gegenwärtig wäre“.[65]
„Von dieser natürlichen Verdrängung der intuitiven Todesidee aber ist völlig verschieden jene, die in das große einheit-

liche Bild des ,modernen westeuropäischen Menschen' – als Massentypus betrachtet – gehört . . . Ich nehme aus dieser Erlebnisstruktur des modernen Menschen nur ein Element: Arbeiten und Erwerben, für den älteren Typ mehr oder weniger durch den Lebensbedarf diktierte willkürliche Betätigungen, werden für ihn triebhaft und, weil triebhaft, damit grenzenlos . . . Diese neuen triebhaft gewordenen Impulse des grenzenlosen Arbeitens und Erwerbens sind es vor allem, die eine neue innere Gesamtstellung zum Tode begründen; und hieraus erst als eine beiläufige Folge auch die Idee, die sich die Wissenschaft dieses Typus vom Tode macht. Dieser neue Menschentyp fürchtet nicht mehr den Tod, wie der antike Mensch, sondern so wie sein grenzenloser Arbeits- und Erwerbstrieb ihn hinausdrängt über alle Kontemplation und allen Genuß Gottes und der Welt, so narkotisiert er ihn auch gegen den Todesgedanken in einer ganz besonderen Weise."[66]

Ähnlich wie Scheler zur illegitimen Verdrängung des Todes argumentieren Theologen und an der Existenzphilosophie ausgerichtete Autoren[67]. Unsere Gesellschaft sei auf „Machbarkeit" hin orientiert; der technische Fortschritt habe zahlreiche Probleme gelöst, für viele noch offene Fragen schienen Lösungen in greifbarer Nähe. Der Tod allerdings zeige Grenzen des Machbaren auf, die nicht überschritten werden könnten. Dies wolle man nicht wahrhaben.

Einzelne Soziologen stellen die Annahme einer Tabuisierung des Todes in den Zusammenhang von langfristigen Kulturwandlungen. Geoffrey Gorer nimmt eine Aufeinanderfolge der Tabus an: Das Tabu des Todes habe das Tabu des Geschlechtslebens im Viktorianischen Zeitalter abgelöst. Über Sexualität könne heute relativ frei gesprochen werden, über den Tod um so weniger[68]. Norbert Elias sieht die Behandlung der Sterbenden im Rahmen seiner Zivilisationstheorie[69]. „Gleich anderen animalischen Aspekten wird auch der Tod als Vorgang und als Gedanke während dieses Zivilisationsschubes in höherem Maße hinter die Kulissen des Gesellschaftslebens verlegt. Für die Sterbenden selbst bedeutet dies, daß auch sie in höherem Maße hinter die Kulissen verlagert, also isoliert werden."[70] Er beklagt weiter eine „eigentümliche Verlegenheit der Lebenden in der Gegenwart eines Sterbenden. Sie wissen oft nicht recht, was zu sagen. Der Sprachschatz für den Gebrauch in dieser Situation ist verhältnismäßig arm. Peinlichkeitsgefühle halten die Worte zurück"[71].

Andere Soziologen wie Eugen Rosenstock-Huessy und Christian von Ferber sehen im Tod eine Befreiung aus sozialen Zwängen.[72] Die Ohnmacht des Individuums werde aufgehoben. Mit der Verdrängung und Privatisierung des Todes sei dagegen erreicht, daß der einzelne nicht an seine Befreiung denke oder gar auf sie hin handele. Die Verdrängung habe die Funktion, Herrschaft zu stabilisieren.

Stärker auf westliche Gesellschaften als „kapitalistische" oder „Warengesellschaften" zugespitzt ist diese Art Kritik bei marxistischen Autoren. Aufsehen erregte bei ihrem Erscheinen die Schrift des Schweizer Soziologen Jean Ziegler „Die Lebenden und der Tod". Die folgenden Zitate zeigen den Duktus seiner Argumentation an.

> *„. . . denn wie jeder Lebende komme ich von dem Schrecken des Todes, von dem Schwindel, der einen packt, nicht los. Dieser Schrecken bleibt unfaßbar, da mir die Gesellschaft meiner Herkunft, die jede Diskussion über das Ereignis des Sterbens verbietet, tabuisiert und mit Schweigen belegt, kein Mittel an die Hand gibt, um meinen sicheren Tod zu begreifen und die Angst, die er hervorruft, zu bekämpfen und zu lenken."*[73] *„. . . das Tabu, mit dem die kapitalistische Warengesellschaft den Tod belegt hat, ist nur ein Aspekt einer viel weitergehenderen Verschleierungsstrategie, die die herrschende Klasse anwendet, um das System der Ungleichheit, das sie privilegiert, zu erhalten, zu verdecken und zu verhärten."*[74] *„Der Tod ist zum Zustand des Nicht-Verbrauchs, der Nicht-Produktion geworden."*[75] *„. . . die Überwindung der Warengesellschaft führt über die Entdeckung des Todes."*[76]

Erst in einer künftigen sozialistischen Gesellschaft gewinnt für Ziegler der Tod wieder einen Sinn. Sehr pointiert kritisiert der deutsche Soziologe Alois Hahn die Auffassungen Zieglers:

„Schon Max Weber hatte darauf hingewiesen, daß der Verlust des Jenseitsglaubens für moderne Gesellschaften schier unlösbare Probleme für die Sinngebung des Todes mit sich bringe. Aber für Max Weber ergibt sich dieses Problem unabhängig von kapitalistischer oder sozialistischer Organisation der Gesellschaft als Folge der Diesseitigkeit der Daseinsorientierung rein als solcher. Es ist auch schwer einzusehen, inwiefern eine sozialistische Gesellschaft dieses Problem besser lösen könnte: Gerade eine innerweltlich vollkommene Sozialordnung müßte den Tod als besonders sinnlos erscheinen lassen. Denn er risse uns nicht aus dem ‚irdischen Jammertal', sondern aus dem Paradies selbst"[77].

Nicht nur Zieglers Position zum Tod in den modernen Gesellschaften kann erfolgreich einer Kritik unterzogen werden. Auch die übrigen o.a. Etiketten erscheinen unzutreffend.

Sehr leicht läßt sich der Vorwurf der „Privatisierung" zurückweisen. Er ist zu pauschal. Denn gestorben wird immer seltener in den eigenen vier Wänden, sondern in Räumen der öffentlichen Einrichtung Krankenhaus. Die Leistungen im Zusammenhang mit der Beisetzung werden heute meist von Beerdigungsinstituten erbracht. Lediglich in ländlichen Gebieten der USA geschieht heute noch, was in früheren Zeiten gang und gebe war: Verwandte und Nachbarn sargten den Toten ein, gruben ihm ein Grab und brachten ihn dorthin.[78]

Ich halte weiter das seltene Denken an und Sprechen über Tod nicht für ein Spezifikum moderner westlicher Gesellschaften. Und sowohl der Begriff „Tabu" als auch der Terminus „Verdrängung" scheinen mir zur Charakterisierung solcher Tendenzen ungeeignet zu sein.

Die Verwendung des Begriffs „Tabu" ist schon von der Wortbedeutung her falsch, wenn die Einstellung zum Tod in modernen Gesellschaften gekennzeichnet werden soll.

Tabu entstammt dem polynesischen Wortschatz und meint ursprünglich alles Außerordentliche, dann aber auch die Vermeidung verschiedener Dinge oder Handlungen. „Inzest-Tabu" ist ein Beispiel für einen richtigen Gebrauch des Begriffs „Tabu", zumal mit dem Inzest-Tabu die Vorstellung einer Strafe im Falle der Verletzung verbunden ist; denn ein Tabu enthält immer den Aspekt der Strafe. Die Strafe kann beim Inzest-Tabu durch die Zuwiderhandlung selbst (z.B. geschädigte Kinder) oder durch gesellschaftliche Ahndung informeller wie formeller Art eintreten. Derartiges fehlt in unseren Vorstellungen über den Tod weitgehend; kaum jemand glaubt, daß Denken an und Sprechen über den Tod, daß Betrachten von Toten und der Besuch von Friedhöfen Bestrafungen durch Krankheit oder Tod nach sich ziehen. In den Vereinigten Staaten besitzt die Mehrheit der Personen, die in einem Jahr sterben, bereits einen zuvor erworbenen Grabplatz[79]. 1976 lag der Prozentsatz der Ehepaare mit mindestens einer Lebensversicherung bei 90% [80], und in der Bundesrepublik Deutschland haben ebenfalls viele eine solche Versicherung abgeschlossen; beim Abschluß ist der Tod des Versicherten ein kaum zu umgehendes Thema. Hier wird auch eine der wenigen, tatsächlich vorhandenen Kommunikationshemmungen unterbrochen: das Reden über den Tod eines in persona gegenwärtigen anderen. Dagegen reden viele über ihren eigenen Tod und, sicherlich häufiger, über das Sterben nicht anwesender Dritter. Bei einer in den USA durchgeführten repräsentativen Umfrage gaben über 80% der Probanden an, es sei besser, bezüglich des eigenen Todes Pläne zu machen, als das nicht zu tun.[81] Ein Viertel der Befragten hatte bereits ein Testament gemacht, und über 10% hatten Vorkehrungen für die Beisetzung getroffen.[82] Bei Verkehrsunfällen, bei denen Tote zu beklagen sind, ist oft ein störender Andrang der Neugierigen zu verzeichnen. In Film, Fernsehen und Theater werden Sterben und Tod durchaus nicht ausgespart[83]; zu den Informationen, nicht nur der Sensationsblätter, gehören Einzelheiten über die letzten Stunden der Großen dieser Welt. So ist die Behauptung eines „Tabu Tod" für westliche Industriegesellschaften eindeutig falsch. Tod als Tabu kennen afrikanische Stämme, die die Begräbnisplätze auf weit entfernte Inseln verlegen. Bei den Hopi-Indianern im Süden der USA enthält man sich jeden Gesprächs über Tote.[84] In Japan vermeidet man häufig die „vier", denn das Wort „shi", das diese Zahl bezeichnet, trägt gleichzeitig die Bedeutung „Tod"[85]. Die Strafe auf die Verletzung eines Tabu kommt bei einer Frau im brasilianischen Urwald zur Sprache. Als sie nach dem Datum des Todes von acht ihrer Kinder befragt wird, sagt sie: „Ich behalte weder das Datum noch die Erinnerung daran, weil ich den Tod nicht von neuem herbeirufen will"[86].

Ebensowenig wie „Tabu" eignet sich der Terminus „Verdrängung" zur Kennzeichnung moderner Einstellungen gegenüber dem Tode. Beim psychologischen Begriff der Verdrängung ist Unlust von großer Bedeutung, die einen Verdrängungsmechanismus auslöst. Auf Grund solcher Gefühle meidet der Betroffene ein Thema oder eine Handlung. Das trifft auf Sterben und Tod so nicht zu, wie gezeigt werden konnte. Hahn registrierte nur wenige „Nein" auf die Frage, ob Lehrer und Eltern mit Kindern über Tod und Sterben sprechen sollten.[87] Und derselbe Autor hat festgestellt, daß gerade Menschen, die von einem sehr intensiven Sterbeerlebnis beeindruckt sind, mehr über Sterben und Tod als andere reden.[88] Von diesen letzteren Feststellungen wird auch eine zweite Komponente des Begriffs Verdrängung berührt. Verdrängung bezeichnet nach Joachim Wittkowski einen „unbewußten, psychodynamischen Prozeß, der unlustbetonte Bewußtseinsinhalte bewußtseinsunfähig macht"[89]. Aber gerade in den Situationen, in denen der Gedanke an Sterben und Tod besonders schmerzt oder Angst bereitet, werden diese Fragen zum Gesprächsthema.

Im Rahmen ihrer Schrift „The American View of Death: Acceptance or Denial?“ kommen Richard G. Dumont und Dennis C. Foss zu dem Ergebnis, daß in den USA Anzeichen der Ablehnung und der Zustimmung nebeneinander existieren.[90] Der Tod ist hier wie in jeder Gesellschaft etwas Gefürchtetes. Bilder des Todes, die oft gleichzeitig mit Darstellungen der Zeit zusammenfallen[91], zeigen stets belastende Züge. Zwei Beispiele sollen das belegen. Im Mithraskult wird die Zeit als Figur mit Menschenkörper und Löwenhaupt dargestellt. Der Religionswissenschaftler S. G. F. Brandon interpretiert: „. . . die Löwenmaske legt nahe: die Zeit, die alles verschlingt“[92]. Die indische Gottheit Kali als Personifizierung der Zeit beschreibt Brandon folgendermaßen: „Sie ist schwarz, sie trägt einen Kranz von abgeschnittenen Köpfen, und ihre vielen Hände halten Symbole ihrer zweideutigen Natur – das ausrottende Schwert, die Schere, die den Faden des Lebens abschneidet. Oft wird sie dargestellt, wie sie auf den leichenhaften Körper von Shiva tritt, dem sie entsprungen ist“[93]. Der Orientalist J. Scheftelowitz führt folgende Details auf: „Kala als eine Form Yamas wird in der Hindu-Kunst vierarmig, skelettartig dargestellt und ist teils mit einem Skorpion an der Brust, teils mit einem spitzen, breiten Messer, teils mit einem Kobra-Gürtel und einem Halsband versehen, sitzend auf zwei sterbenden Männern“[94].

Soweit Züge der Ablehnung des Todes in modernen Gesellschaften festgestellt werden können, sind sie wohl Ausdruck einer interkulturellen – man ist fast versucht zu sagen „quasi-natürlichen“ – Ablehnung des Todes und keinesfalls besonders stark ausgeprägt. Diese Züge sind – im Sinne Schelers – legitim. Man kann nur dann einen ungewöhnlichen Grad der Ablehnung des Todes annehmen, wenn man so extreme Maßstäbe wie den folgenden anlegt: „Grundsätzlich muß jeder wissen, daß wir alle früher oder später sterben müssen. Diese Einsicht muß unser Leben durchziehen und erleuchten“[95]. Aber dazu haben wir in einer Welt des seltenen Sterbens keinen Anlaß. Dazu kommt noch, daß der Tod nicht nur angsterregend, sondern auch in bestimmter Hinsicht unserer Vorstellung entzogen, gewissermaßen abstrakt bleibt. Das klingt in dem bekannten Wort La Rochefoucaulds an: „Man kann weder nach der Sonne noch nach dem Tod direkt schauen“[96]. Und mit Bezug auf Grundvorstellungen von Freud stellt Avery D. Weisman fest: „Das primäre Paradox ist, daß der Mensch die Universalität des Todes erkennt, sich aber seinen eigenen Tod nicht vorstellen kann“[97]. Wer angesichts dieser Sachverhalte mehr Todesbewußtsein fordert, scheint von quälerischen Anwandlungen – sie mögen sich auf ihn selbst oder auf andere richten – nicht ganz frei zu sein.

Soziale Probleme im Zusammenhang mit Sterben und Tod bestehen nicht in der generellen Verdrängung oder Tabuisierung. Die Schwierigkeiten, die in den seltenen Fällen der Konfrontation mit dem Sterben – und zwar sowohl mit dem Sterben Angehöriger als auch mit dem eigenen Sterben – auftreten, sind anderer Natur. Diese Schwierigkeiten, ja oft Nöte sind das Thema der folgenden Abschnitte.

1.4 Charakteristika modernen Sterbens: Sterben in Institutionen

1.4.1 Ausgangssituation

Das Krankenhaus steht in einer Reihe mit anderen spezialisierten Institutionen, die für moderne Gesellschaften charakteristisch sind und die Teile von Familienfunktionen übernommen haben. Wie die Pflege der Kranken und Sterbenden auf Krankenhäuser übergegangen ist, so wurde die Produktion weitgehend in Betriebe, die Erziehung und Bildung teilweise in Kindergärten, Schulen und Hochschulen verlagert; aber auch letzte Dienste am Toten werden in Bestattungsunternehmen geleistet.

Das Krankenhaus ist im Zusammenhang mit Sterbenden immer wieder Gegenstand der Kritik. Und das gilt nicht nur für die jüngste Zeit. Schon 1912 schreibt Rainer Maria Rilke in „Die Aufzeichnungen des Malte Laurids Brigge“:

> *„Dieses ausgezeichnete Hotel ist sehr alt, schon zu König Chlodwigs Zeiten starb man darin in einigen Betten. Jetzt wird in 559 Betten gestorben. Natürlich fabrikmäßig. Bei so enormer Produktion ist der einzelne Tod nicht so gut ausgeführt, aber darauf kommt es auch nicht an. Die Masse macht es. Wer giebt heute noch etwas für einen gut ausgearbeiteten Tod? Niemand. Sogar die Reichen, die es sich doch leisten könnten, ausführlich zu sterben, fangen an, nachlässig und gleichgültig zu werden; der Wunsch, einen eigenen Tod zu haben, wird immer seltener. Eine Weile noch, und er wird ebenso selten sein wie ein eigenes Leben. Gott, das ist alles da. Man kommt, man findet ein Leben, fertig, man hat es nur anzuziehen. Man will gehen oder man ist dazu gezwungen: nun, keine*

Anstrengung: Voilà votre mort, monsieur. Man stirbt, wie es gerade kommt; man stirbt den Tod, der zu der Krankheit gehört, die man hat (denn seit man alle Krankheiten kennt, weiß man auch, daß die verschiedenen letalen Abschlüsse zu den Krankheiten gehören und nicht zu den Menschen; und der Kranke hat sozusagen nichts zu tun)"[98].

Trotz der Kritik kommt das Sterben in Krankenhäusern gegenwärtig häufig vor und ist noch im Zunehmen begriffen. In der Bundesrepublik Deutschland lag die Rate der in Krankenhäusern Verstorbenen 1962 bei 45,4%, 1972 bei 53,5% und 1975 bei 54,5% aller Sterbefälle.[99] In den USA sind die Prozentsätze vergleichbar; für dieses Land haben wir Belege, daß viel mehr Menschen zu Hause sterben möchten, als dies tatsächlich vorkommt[100]. Für die Bundesrepublik ist ähnliches anzunehmen. Appelle, diesen Wunsch verstärkt aufzunehmen und zu realisieren[101], haben bisher keine Erfolge gezeitigt. Am ehesten haben Männer die Chance, zu Hause von ihren Ehefrauen gepflegt zu werden. Die Pflege von Frauen, die seltener zu Hause sterben, übernehmen am häufigsten Töchter.[102]

Es wäre sicherlich falsch, als Kontrast zum Kliniktod eine Idylle früherer Zustände zu zeichnen, die den sterbenden Familienvater zeigt, der im Kreis der Lieben hinscheidet. Das Beispiel einer solchen Idylle finden wir in der Einleitung von Elisabeth Kübler-Ross' bekanntem Buch „Interviews mit Sterbenden".

„Ich erinnere mich an den Tod eines Bauern in meiner Kindheit. Er fiel vom Baum und wurde tödlich verletzt. Seine einzige Bitte, daheim sterben zu dürfen, erfüllte man sofort. Nacheinander rief er jede Tochter ans Bett, um ein paar Minuten mit ihr allein zu sprechen. Trotz großer Schmerzen ordnete er ruhig seine Angelegenheiten und verfügte über das Hab und Gut, das zu Lebzeiten seiner Witwe nicht aufgeteilt werden sollte; er bat jedes Kind, die Arbeiten und Pflichten auf sich zu nehmen, die er bis zu seinem Unfall selbst geleistet hatte. Seine Freunde wurden gebeten, ihn noch einmal zu besuchen, und obwohl ich damals noch klein war, nahm er mich

und meine Geschwister von diesem Abschiedsbesuch nicht aus. Wir durften an den Vorbereitungen der Familie und an ihrer Trauer teilnehmen. Als der Bauer gestorben war, blieb er bis zur Beerdigung in dem Haus, das er selbst gebaut und sehr geliebt hatte, blieb unter Freunden und Nachbarn.“[103]

Nicht der von Kübler-Ross dargestellte Sachverhalt soll bestritten werden, sondern die naheliegende Vorstellung, so würdevoll sei immer gestorben worden, und die Auffassung, dies sei für die Menschen heute ein Modell, „wie man das unausweichliche Ende des Lebens würdig annehmen kann“[104]. Träfe letzteres zu, müßten Millionen von Hinterbliebenen, die sich redlich um ihre in einem Krankenhaus verstorbenen Angehörigen mühten, erneut Gewissensqualen leiden; denn die Frage, ob man sich gegenüber einem sterbenden Angehörigen richtig verhalten habe, bedrückt viele Menschen in der Trauerzeit sowieso.

Sicher werden der Beistand der Angehörigen in den letzten Stunden und das Sterben in vertrauter Umgebung als wohltuend empfunden. Aber oft dürfte in den Zeiten, als die Menschen fast ausnahmslos daheim starben, auch geringe Rücksicht gegenüber Sterbenden und einsames Sterben vorgekommen sein. Dafür spricht die Annahme einer Reihe von Familiensoziologen, daß sich die Intensität der Gefühle in der Familie, wie wir sie heute kennen, erst im Laufe der letzten 150 Jahre entwickelt hat. Exemplarisch soll hier Edward Shorter genannt werden, der vermerkt, daß Sprichwörter wie „Reich ist der Mann, dessen Frau tot und dessen Pferd am Leben ist“ (Bretagne), „Die Trauer um die verstorbene Frau dauert bis zur Haustür“ (Gascogne)[105], die man heute eher als Scherz deuten würde, durchaus im 18. Jahrhundert geläufige Vorstellungen zum Ausdruck brachten. Bei einer solchen Haltung ist wenig Fürsorge und Eingehen auf den Sterbenden zu erwarten. Obwohl also die Verhältnisse in unserer Epoche nicht mit der „heilen Welt“ früherer Zeiten kontrastiert werden sollen, muß doch auf gravierende Probleme des Sterbens in Krankenhäusern als dem für unsere Zeit schon fast typischen Sterben hingewiesen werden. Und zwar bestehen Probleme auf Seiten des Krankenhauspersonals, der Angehörigen eines Sterbenden und in erster Linie auf Seiten des Sterbenden.

1.4.2 Probleme des Krankenhauspersonals

In der Auffassung von der Funktion des Krankenhauses besteht oft eine Divergenz zwischen Krankenhauspersonal und den Angehörigen eines Kranken, sobald dieser als Sterbender definiert werden muß. Das Krankenhauspersonal sieht seine Aufgabe darin, die Gesundheit des Patienten unter Zuhilfenahme aller zur Verfügung stehenden Möglichkeiten der Therapie wiederherzustellen. Diese Aufgabe gilt auch dann als beendet, wenn keine Aussicht auf Gesundheit mehr besteht. Dann bleiben nur noch die Pflege und seelische Begleitung eines Sterbenden. Diese können in der Familie oder in einem Pflegeheim geleistet werden. Die erstere, auch heute noch als am ehesten angemessen erscheinende Alternative entfällt oft aus praktischen Gründen (z. B. zu kleine Wohnung oder Berufstätigkeit der Angehörigen), zu denen psychische hinzutreten können. Oft werden die praktischen Gründe nur den ausschlaggebenden psychischen vorgeschoben, die vor allem in der Angst vor den Belastungen durch eine Pflege bestehen. So fällt häufig die Betreuung des Sterbenskranken wieder dem Krankenhaus zu, das eigentlich einem anderen Zweck dient und dessen Personal z. T. die Pflege Sterbender als eine Art Zumutung betrachtet.[106] Ephrem Else Lau stellt in diesem Sinne fest: „Die Rolle des Sterbenden ist mithin nicht wie die des Patienten strukturell gewollt und eingeplant“[107]. Und sie weist darauf hin, daß auch in Krankenhausneubauten keine speziellen Einrichtungen, vor allem solche räumlicher Art, für Sterbende vorgesehen sind.[108] So kann es zu immer wieder angeprangerten Extremsituationen kommen, wie sie in dem folgenden Leserbrief an eine Tageszeitung beschrieben werden.

Sterben mit Würde?[109]

Am 17. Oktober 1982 gegen 22 Uhr erhielten wir einen Anruf vom ... Krankenhaus ... ,daß unser Vater im Sterben liege. Zu unserer Überraschung fanden wir den Vater nicht mehr im Krankenzimmer, man hatte ihn auf den Flur verfrachtet; abgestellt!
Hier standen wir dann zu viert am Bett des Sterbenden. Das Bett war auch im Flur im Wege, und wir mußten uns öfters „dünn" machen, um dem „Durchgangsverkehr" die Passage zu ermöglichen. Die Nachtschwester entschuldigte die Situation mit fehlender Räumlichkeit. Die verantwortliche Ärztin erklärte uns kurz die Sachlage des Krankheitszustandes und ward nicht mehr gesehen.
Die für uns bedrückende Szene wurde durch Gelächter „aufgelockert", das von Zeit zu Zeit aus dem Aufenthaltsraum der Schwestern oder Ärzte drang.
In dieser Situation und Atmosphäre starb unser Vater gegen 0.30 Uhr. Das Koma, in dem er lag, verhinderte, daß er sich dieser erbärmlichen Situation bewußt wurde.
Ist das Krankenhausalltag? Würdelos sterben wegen Platzmangels?

Probleme des Krankenhauspersonals wurzeln weiter in organisatorischen Aspekten.

Das Personal, Ärzte wie Schwestern, besitzt eine Vorbildung, die sich hauptsächlich auf somatische Aspekte bezog und in der die psychische Betreuung, vor allem Sterbender, kaum eine Rolle spielte. Deutliche Lücken in der Universitätsausbildung der Ärzte hinsichtlich des Verhaltens gegenüber Sterbenden zeigte eine amerikanische Befragung von leitenden Hochschullehrern auf[110]; relativ gut waren die Schwestern in den USA während ihrer Ausbildung über diese Fragen instruiert worden[111]. Eine Durchsicht der Ausbildungspläne für Ärzte wie für Pflegepersonal in der Bundesrepublik Deutschland ergab, daß der sterbende Patient durchgehend noch nicht thematisiert wird.[112]

Die Arbeitsbelastung in einem Krankenhaus läßt nicht jene Freiräume an Zeit, in denen eine menschliche Hinwendung zum Sterbenden und eine Auseinandersetzung mit seinen Problemen möglich wäre. Außerdem wären Absprachen innerhalb des Personals auf einer Station notwendig, wer sich mit welchem Patienten über welche Aspekte seiner Situation befaßt.

Neben solchen eher organisatorischen Hindernissen für eine optimale Betreuung des Sterbenden stehen auch wieder psychische[113]. Auch das Klinikpersonal hat Angst vor dem Tod. Für Ärzte liegen entsprechende Untersuchungen vor, aus denen beispielsweise hervorgeht, daß Internisten und Chirurgen stärkere Furcht vor ihrem eigenen Tod aufwiesen als andere medizinische Spezialisten. Und gerade in den chirurgischen und internistischen Abteilungen kommen die meisten Todesfälle vor.[114] Für Medizinstudenten wurde festgestellt, daß die Todesfurcht mit zunehmendem Semester anstieg.[115] Für seinen beruflichen Alltag entwikkelt der Arzt Mechanismen, mit denen er diese Angst unterdrückt bzw. nicht zum Ausdruck kommen läßt. Das bedeutet aber keinesfalls Abstumpfung gegenüber dem Tod; im Gegenteil: Neuere Ergebnisse legen nahe, daß der Arzt im Verlauf seines Berufslebens immer empfindlicher wird; in einem Referat über die Studie ist von Entwicklung einer „‚Dünnhäutigkeit'"[116] die Rede.

Robert H. Coombs und Pauline S. Powers haben in einer detaillierten Untersuchung aufgezeigt, wie diese „normalen" Reaktionen gegenüber Sterbenden und Toten entstehen.[117] Medizinstudenten leiden zu Beginn sehr mit sterbenden Patienten. Die Arbeit an Leichen innerhalb der anatomischen Ausbildung bringt einen Schock, der verarbeitet werden muß. Eine Möglichkeit dazu ist der mehr oder weniger makabre Humor. Stärker an den vormals Lebenden gemahnt die Leiche, die später bei Autopsien untersucht werden muß. Hier ist die Möglichkeit der Identifikation größer. Im Laufe dieser Phase kommt der Mediziner dazu, eine rationale Haltung gegenüber dem Toten einzunehmen und seine Emotionen zurückzuhalten. In der Begegnung mit sterbenden Patienten selbst kann der fortgeschrittene Medizinstudent bzw. der junge Arzt dann eine wissenschaftliche Attitüde entwickeln; der Patient ist primär „Fall". Der Arzt sieht sich als Techniker, der gegen Krankheit und Tod kämpft. Dies ist ein Versuch, die latente Angst vor dem Tod niederzuhalten. Ferner kann der Arzt sich in eine formelhafte neutrale Fachsprache flüchten, die ihm Distanz zum Geschehen erlaubt.[118] Daneben ist noch die Meidung aller intensiven Kontakte mit dem Sterbenden bedeutsam.

Krankenschwestern dagegen ist eine vergleichbare Distanz zu Sterbenden nicht möglich. Gerade der Sterbende, der in der Regel hilflos ist, bedarf der Pflege. Eine der wenigen Möglichkeiten auszuweichen ist für das Pflegepersonal „die Anwendung routinierter Handlungsmuster"[119]. Man hält sich zur Entlastung strikt an die Vorschriften. Das bedeutet nicht, daß Krankenschwestern und Pfleger in bestimmten Fällen nicht intensiv mitleiden und nach dem Tode von Patienten trauern[120].

Fallen Abwehrmechanismen weg oder werden sie bewußt aus dem Spiel gelassen, so ist der Arzt (wie auch das übrige Klinikpersonal) der Hilfe bedürftig; ein Beitrag in dem Reader „The Child and Death" ist auch dementsprechend überschrieben: „The chronic care specialist: ‚but who supports us'?"[121]. Zu den Aufgaben, die sich die Londoner „Sterbeklinik" St. Christopher's (vgl. 1.4.4.2) ausdrücklich gestellt hat, gehört die Hilfe für das Personal.[122] Und die dort tätige Psychiatrin berichtet, daß sie sich mehr mit dem Personal als mit den Patienten unterhalten habe. Sie erwähnt ferner Gruppensitzungen sowie religiöse Aktivitäten, die der Stützung des Personals dienten. Aber St. Christopher's ist ein Ausnahmefall. Der Arzt wird in der Regel, um den belastenden Alltag bewältigen zu können, eine gewisse Distanz wahren müssen.

1.4.3 Probleme der Angehörigen und des Sterbenden

Das Krankenhaus ist eine hierarchische Organisation, die auf die Zwecke der Betreuung von Kranken und der Wiederherstellung der Gesundheit von Patienten ausgerichtet ist. Diese Zwecke werden mit Hilfe von professionellem Personal angestrebt. Der Kenntnisvorsprung, den das Krankenhauspersonal vor den Angehörigen besitzt und der durch das Ausgewiesensein als Professioneller geltend gemacht wird, aber auch die Routine eines Krankenhauses, die als Zwang der Verhältnisse dargestellt wird, führen dazu, daß die Angehörigen wie die Sterbenden den Weisungen des Personals und Krankenhausordnungen unterworfen sind.

Weisungen wie Satzungen sind oft von Krankenhaus zu Krankenhaus verschieden. In den von David Sudnow untersuchten US-amerikanischen Kliniken versuchte man, die Angehörigen möglichst von den Sterbenden fernzuhalten. Es wurde ihnen nahegelegt, sich nicht zu lange im Krankenzimmer oder auf dem Flur davor aufzuhalten.[123] In den Krankenhäusern, in denen Barney G. Glaser und Anselm L. Strauss ihre Untersuchungen durchführten, war mit der Feststellung, daß der Patient in absehbarer Zeit sterben werde, eine weitgehende Lockerung der Besuchszeitenregelung verbunden.[124] Das ist nur ein Beleg dafür, daß Sterben als seltenes Ereignis nicht mehr durch Traditionen, Gewohnheiten, Sitten gesichert ist; es ist, obwohl es oft lange dauert, kein eingelebter Verlauf mehr, bei dem jeder Part seine Rolle kennt. Das lange Sterben ist, um mit Lofland zu sprechen, mehr Improvisation als traditionelles Drama.[125] Diese Sicherheit scheint in bestimmten abendländischen Epochen vorhanden gewesen zu sein. Die Sterbenden waren dabei die Akteure, und sie beherrschten die ars moriendi, die Kunst des Sterbens. Der Verlauf der letzten Stunden des Lebens war festgelegt, u.a. durch Lebensrückblick, Bitte um Vergebung,

Gebete, Verfügungen über die Wahl des Grabes und zum Seelenheil.[126]

Auch die Problematik eines Sterbenden in einem Krankenhaus besteht darin, daß er sich in einer Institution befindet, die sich auf Krankheiten spezialisiert hat. Seine Krankheit wird vielleicht weiter behandelt, seine existentiell bedrückende Situation, seine Nöte und Ängste werden in der Regel nicht therapiert. Der Sterbende weiß jedoch gewöhnlich nicht, wie er seine Wünsche auf seelischen Beistand durchsetzen kann. Dieses mangelnde Durchsetzungsvermögen steht wieder im Zusammenhang mit der Einflußdivergenz zwischen Personal und Patient. Zur Rolle des Patienten gehört es, daß er sich den Anordnungen des Personals fügt. Amerikanische Soziologen nehmen an, daß ein ungeschriebener Verhaltenskodex für Sterbende in Kliniken existiert, der aus Beobachtungen erschlossen werden kann. Das erste Gebot dieses Kodex besagt, daß der Patient möglichst passiv bleiben soll. Hält man es für richtig, daß man über seinen Zustand nicht mit ihm spricht, soll er nicht fragen oder so tun, als ob er ein „normaler" Krankheitsfall sei.[127] Zeigt er sich argwöhnisch, begegnet man ihm zurückhaltend, oder er wird auffällig gemieden. Es kann aber auch sein, daß man sich besonders um ihn kümmert, damit er sein Fragen einstellt oder für unbegründet hält. Auf alle Fälle wird seiner Aktivität entgegengearbeitet. Selbst wenn er vom nahen Ende weiß, gibt es „ungeschriebene Gesetze":

„... der Patient sollte weitgehend seine Fassung und Ausgeglichenheit bewahren. Ganz am Ende sollte er mit Würde den Tod erwarten. Er sollte sich nicht vorzeitig von der Welt abwenden und den Lebenden den Rücken kehren; er sollte sich vielmehr bemühen, ein ‚gutes' Mitglied seiner Familie zu bleiben und ‚nett' zu Mitpatienten sein. Solange es ihm möglich ist, sollte er an dem sozialen Leben auf seiner Station teilnehmen. Er sollte dem Stab seine Tätigkeit durch Kooperation erleichtern und alles vermeiden, was einzelne in Verlegenheit bringen könnte"[128].

Das Befolgen dieser Zumutungen kann dazu führen, daß der Sterbende in tiefer seelischer Not allein bleibt.

Das Alleinbleiben kann aber auch in ganz wörtlichem Sinn für die letzten Stunden zutreffen. Aus dem von Sudnow gesammelten Material geht hervor, daß die Fürsorge und Pflege für den Kranken um so mehr nachläßt, je näher der Tod heranrückt. Am Ende schauen die Schwestern oder Pfleger nur noch in längeren Abständen von der Tür her, ob der Sterbende noch atmet.[129] Lau weist dagegen ausdrücklich darauf hin, daß in den deutschen Krankenhäusern, in denen sie teilnehmend beobachtete, in keinem Falle „Sterbenden gegenüber pflegerische Maßnahmen vernachlässigt"[130] wurden. In den von Sudnow berücksichtigten Kliniken wurde den Angehörigen zugeredet, nach Hause zu gehen und dort weitere Nachrichten abzuwarten. Aber auch in den Kliniken, die Strauss und Glaser untersuchten und in denen Zugang zum Sterbenskranken für die Angehörigen möglich war, konnte der Patient einsam sterben, u.a. dann, wenn die Phase des Sterbens zu lange dauerte, um die Angehörigen stets an das Krankenzimmer zu binden[131]. Nach Gorers Ermittlungen bleiben in Großbritannien mehr als drei Viertel aller Sterbenden ohne Beistand der Angehörigen; und zwar Frauen viel häufiger als Männer.[132] Frauen sterben auch nach amerikanischen Untersuchungen öfter allein als Männer. Das hängt vor allem damit zusammen, daß sie häufiger verwitwet sind als Männer. Denn die Gatten sind diejenigen, die am häufigsten beim Sterben anwesend sind. Neben Ehefrauen und Ehemännern sind noch Töchter zu dem Personenkreis zu zählen, der Sterbenden am Lebensende relativ oft beisteht.[133]

So erweist sich die Klinik als Ort der Verwahrung für die Zeit des langen Sterbens, wo der Tod oft weitgehend unbeachtet eintritt und wo wenig darauf hindeutet, daß eines der existentiell anrührendsten Ereignisse eingetreten ist.

1.4.4 Alternativen zum Sterben im Krankenhaus oder Verbesserung der Betreuung von Sterbenden im Krankenhaus?

Die bisherigen Darlegungen über das Sterben im Krankenhaus rücken bedenklich nahe an eine Verurteilung dieser und verwandter Institutionen. Die in der Literatur aufgeführten Vorwürfe resümiert Ernst Engelke folgendermaßen: Das Krankenhaus besitzt den „Charakter einer totalen Institution“[134], in der nur noch eine Rolle, die des Patienten zugelassen sei und in der er total vereinnahmt werde[135]. Die Patienten blieben oft allein[136] und müßten „Absterbeprozesse des Selbst (Rohde), Identitätskonflikte, Verluste des Selbstwertgefühls, Entmündigung, Eingrenzung und Reglementierung, Kontrolle, Aufhebung der Privatsphäre, Gehorsam, Ein- und Unterordnen, Statusverlust, Abhängigkeit, Verunsicherung, Angst, Anpassung und Unaufrichtigkeit“[137] ertragen.

Diese Vorwürfe sind nicht als pauschal falsch von der Hand zu weisen. Doch gilt es zu bedenken, daß sich in den meisten Fällen keine wirkliche Alternative zum Krankenhaus anbietet. Paul Sporken weist darauf hin, daß in Alten- und Pflegeheimen der Arbeitsrhythmus stärker als in Krankenhäusern auf Betreuung ausgerichtet sei; aber sonst seien viele strukturelle Probleme mit denen der Klinik identisch.[138] In den USA plädiert man für das Sterben im eigenen Heim oder in sog. Sterbekliniken, deren Vorbild St. Christopher's Hospital in London ist. Bei beiden zuletzt genannten Lösungen bleiben Fragen offen.

1.4.4.1 Alternative: Zuhause sterben

In vielen Fällen sind Angehörige bei langem Sterben mit einer Dauerpflege überfordert. Es können bei häuslicher Pflege auch nicht alle Möglichkeiten, die die moderne Medizin bereitstellt, genutzt werden. Dies gilt vor allem für die Möglichkeiten der Schmerzlinderung.[139] Bei bestimmten

Wunden, bei Versagen der Blasenfunktion und bei künstlichen Ausgängen kann häusliche Pflege oft nicht den angemessenen Standard erreichen.[140] Für eine häusliche Dauerpflege an Personen, die nicht von Klinikleistungen abhängig sind, müssen bestimmte räumliche[141] und sanitäre Voraussetzungen gegeben sein. Weiterhin ist fraglich, ob ein Patient in die Wohnung eines seiner Kinder ziehen soll, um dort gepflegt zu werden. Gewünscht wird letztlich Pflege und Sterben in der Vertrautheit der eigenen Wohnung.

Grundvoraussetzung für eine häusliche Pflege bleibt, daß ein belastbarer Angehöriger diese Aufgabe in der Hauptsache übernehmen kann. Zusätzlich bedarf es in der Regel noch der Unterstützung durch ambulante Hilfsdienste (in der Bundesrepublik vor allem durch sog. Sozialstationen). Erst unter solchen Bedingungen ist das von den meisten gewünschte Sterben im eigenen Heim für den Kranken ein Gewinn.

Diese und andere Voraussetzungen für das Sterben zuhause wurden auch in einem Projekt der University of Minnesota School of Nursing ermittelt.[142] Gegenstand war die Erprobung der häuslichen Pflege von Kindern, die an Krebs erkrankt waren, denn gerade für Kinder ist ja ein langer Klinikaufenthalt besonders belastend. Es wurden folgende Voraussetzungen genannt:

1. Die an Heilung orientierte Pflege ist beendet.
2. Das Kind will zuhause sein.
3. Die Eltern wünschen, das Kind zuhause zu haben.
4. Die Eltern müssen ihre Fähigkeit erkennen, das Kind zu pflegen.
5. Eine Krankenschwester muß rund um die Uhr verfügbar sein.
6. Auch der Arzt des Kindes muß auf Abruf bereit sein zu helfen.
7. Die Familie muß in sich stabil sein, die Geschwister des Kindes dürfen keine seelischen Schäden durch die Pflege erleiden.

8. Die Heimpflege muß, da sie nicht von der Krankenversicherung bezahlt wird, finanzierbar sein.

In das Projekt waren 32 Kinder einbezogen worden. Mit Ausnahme von drei Fällen war die Kontrolle der Schmerzen möglich, und zwar vor allem durch die Fähigkeit der Krankenschwester. 27 Kinder starben schließlich zuhause, in der ihnen vertrauten Umgebung. Bis auf zwei Kinder, die am frühen Morgen starben, waren sie im Tod nicht allein.

1.4.4.2 Alternative: Sterbeklinik

St. Christopher's in London[143] ist das oft vorgestellte Exempel einer „Sterbeklinik". Diese Einrichtung sieht sich in der Tradition mittelalterlicher Hospize, die heimatlose Kranke und Sterbende aufnahmen, oder entsprechender Anstalten für chronisch Kranke oder Sterbende, die vom Nonnenorden „Irish Sisters of Charity" unterhalten werden. Inzwischen sind in England wie in den USA und Kanada[144] am Beispiel von St. Christopher's orientierte Kliniken eröffnet worden. Für die Bundesrepublik Deutschland ist noch keine Nachahmung bekannt geworden.[145]

St. Christopher's will in einer gelösten, persönlichen Atmosphäre das „Sterben mit Würde" ermöglichen. Die Personalausstattung ist großzügig. Eine enge Beziehung zwischen Patient und Personal gehört zur „Philosophie" des Hauses. Die Schmerzen, die in vielen Fällen das zentrale Problem für den Sterbenden darstellen, werden konsequent bekämpft. Die Erprobung von schmerzstillenden Medikamenten gehört zu den wissenschaftlichen Aufgaben, die sich St. Christopher's gesetzt hat. Die Familie wird in die „Behandlung" einbezogen; die Familie einschließlich des Sterbenden ist die Pflegeeinheit („unit of care"[146]). Für die Angehörigen wird auch in der Trauerphase gesorgt, u. a. bestehen für sie Gesprächskreise. Die Klinik unterhält weiter einen Beratungsdienst für medizinisches Personal wie für Patienten und Angehörige.

St. Christopher's hat sicherlich für viele Sterbende Unschätzbares geleistet und angemessenes Verhalten gegenüber Sterbenden vorbildlich praktiziert. Doch bleibt die Frage, ob hier nicht die Sterbenden besonders stark ghettoisiert werden. Dieses Argument ist auch mit dem Hinweis auf die Intention der Begründerin von St. Christopher's nicht von der Hand zu weisen, die Familie sei der eigentliche Adressat der Bemühungen.

1.4.4.3 Paul Sporkens Konzept der Sterbehilfe

Eine Favorisierung von Sterbekliniken kann bedeuten, daß die Krankenhäuser als starre Institutionen gesehen werden, deren Strukturen nicht wandlungsfähig sind. Man hält die in ihnen tätigen Menschen nicht für fähig, sich den Bedürfnissen der Sterbenden entsprechend zu verhalten. Bedenkenswert scheint mir jedoch in diesem Zusammenhang die Auffassung von Sporken zu sein: „Persönlich kann ich mich nicht des Eindrucks erwehren, daß nicht so sehr die Sterbenden selbst, sondern vor allem wir – die Helfer – ein Bedürfnis nach Sterbeheimen haben. Ihre Einrichtung könnte bedeuten, daß wir die Mängel in unserem Gesundheitssorgesystem verbergen und sogar institutionalisieren und außerdem unsere Ohnmacht zu wirklichem Sterbebeistand rechtfertigen und verdecken"[147]. Akzeptiert man diese Feststellung, so müßten ständig neue Bemühungen unternommen werden, um die Lage der Sterbenden in den Krankenhäusern zu verbessern. In der Wissenschaft wie in der öffentlichen Meinung sollte die Diskussion dieser Frage nie zur Ruhe kommen.

Im deutschen Sprachraum hat der in den Niederlanden tätige Theologe Sporken mehrere Veröffentlichungen über Hilfen für den Sterbenden vorgelegt.[148] Seine Vorstellungen über Sterbehilfe im Krankenhaus sind ein guter Vorschlag für die zu erreichenden Ziele.

Sterbehilfe, die hier keinesfalls mit Euthanasie (vgl. 1.8.8.2) gleichgesetzt werden darf und für die der Begriff bebeistands angemessener wäre, hat bei Sporken mehrere Aspekte.

1. Sie besteht für ihn „in einer ausgezeichneten und sorgfältigen *Pflege*", in der man auch „auf die menschlichen Aspekte achtet: ein freundliches Wort, eine Gebärde herzlicher Zuneigung, ein wenig menschliche Wärme und Geborgenheit"[149],
2. und im „*Auffangen des emotionalen Leidens* . . . in der normalen Reaktion der Freundlichkeit, Herzlichkeit, Vergebungsbereitschaft, Munterkeit"[150].

Diese beiden Aufgaben setzen den Aufbau zwischenmenschlicher Beziehungen zwischen Ärzten und vor allem Pflegepersonal einerseits und dem Sterbenden andererseits voraus. Der Patient soll erfassen, daß er nicht nur funktional betreut wird, sondern daß er alles ihn Bedrückende äußern und dabei *Verständnis, Zuwendung* und *Einfühlung* erwarten kann.[151] Die Zuwendung sollte auch in den letzten Stunden vom Sterbenden gefühlt werden können. Denn die Angst vor der Verlassenheit – so der amerikanische Psychiater Samuel L. Feder – ist oft größer als die vor dem Tode selbst.[152] Es ist in der Tat eine skandalöse „Marktlücke" vorhanden, wenn in Großstädten der USA Sterbebegleiter zu festen Sätzen ihre Dienste anbieten[153].

Franco Rest fordert in diesem Zusammenhang noch: „*Sicherheit*"[154], d.h. die Gewißheit, nicht abgeschoben zu werden, z. B. in ein Pflegeheim, sowie „*Achtung*"[155], d.h. die Wahrung einer Distanz zum Patienten, die seine Würde nicht verletzt. Dazu gehört z. B. auch das Vermeiden der Anrede „Du".

Diese Ziele sind weder durch Dienstvorschriften noch durch Dienstverträge zu regeln. Ausbildung und Bewußtmachung könnten zumindest Versuche sein, dem Helfenden Stützen für ein dem Sterbenden und seinen Nöten gegenüber offenes Verhalten zu geben. Z. B. sind Informationen darüber, wie bestimmte Sozialmerkmale,

Krankheiten, Ansprechpartner und Situationen die Aussagen der Patienten inhaltlich beeinflussen[156], sehr wichtig für den Umgang. So äußern sich etwa Männer im allgemeinen detaillierter über Beschwerden als Frauen. Auch Gesprächstraining kann helfen.[157] Bei all dem sind eigene Ängste der Helfer jedoch nie aus dem Auge zu verlieren. Sie werden immer eine gewisse Zurückhaltung der Betreuenden zur Folge haben. Diese Ängste können sich auch subtil nonverbal äußern, etwa flüsternd sprechen, besonders leise gehen usw.[158] Aber die Ängste sind legitim. Niemand kann völlig von sich absehen. Und da wird immer die Versuchung groß sein, emotionales Engagement durch medizinischen Aktivismus zu ersetzen.[159] Hier zeigen sich Dilemmen, die nie ganz aufgelöst werden können.

3. Auch „*Schmerzbekämpfung*"[160] ist Bestandteil einer Sterbehilfe.
   Dazu muß festgestellt werden, daß in vielen Fällen nicht alle heute bekannten Möglichkeiten der Schmerzbekämpfung genutzt werden[161], daß aber auch in manchen Fällen Schmerzen noch nicht entscheidend gedämpft werden können[162]. Ähnliche Beschwerden wie Schmerzen können dauernder Brechreiz, Erbrechen oder Atemnot bereiten. Auch hier ist nicht in allen Fällen Hilfe möglich.[163]
4. Zur Sterbehilfe kann auch die „*Verabreichung von Psychopharmaka*"[164] gehören.
   Dies können sowohl beruhigende wie anregende Mittel sein. Neben der Schmerzlinderung haben diese Medikamente die Funktion, psychische Spannungen zu lindern.[165] Natürlich ist hier die Gefahr des Mißbrauchs sehr groß, nämlich die Sterbenden einfach „stillzulegen"[166]. Hinzuweisen ist auf amerikanische Versuche mit Drogen wie LSD. Im Rahmen einer psychotherapeutischen Behandlung werden die Drogen verabreicht. Die Verabreichung ist auf wenige Male beschränkt, dient

nicht einer dauernden Schmerzlinderung, sondern der Erzeugung einer Stimmung, in der sich die Endphase des Sterbens gelöster durchleben läßt.[167]

5. „Sterbehilfe kann manchmal bedeuten, daß man den *Sterbeprozeß* für kurze Zeit *verlängert* oder *verkürzt.*"[168] Häufig diskutiert wird fast ausschließlich die Verkürzung des Sterbeprozesses (vgl. 1.8.8.2). Aber es gibt auch den Wunsch nach Verlängerung des Sterbens, wenn der Sterbende noch jemanden sehen, bestimmte Angelegenheiten regeln will usw. Auch das sollte berücksichtigt werden.

1.4.5 Dienste der Seelsorger und der Sozialarbeiter

Im Zusammenhang mit der Struktur des Krankenhauses und der Situation von Sterbenden müssen noch die Leistungen der Vertreter zweier Berufe gewürdigt werden, die der Seelsorger und die der Sozialarbeiter. Gerade ihr Engagement ist bzw. wäre wichtig, um „Härten" in der Struktur der Kliniken zu lindern. Pfarrer wie Sozialarbeiter können einen Ausgleich zu gewissen technokratischen Tendenzen schaffen, indem sie für die Befriedigung von emotionalen Bedürfnissen sorgen, denen Mediziner und Pflegepersonal auch bei viel gutem Willen neben der Erfüllung ihrer eher praktischen Aufgaben nicht gerecht werden können. Denn auch diese Seite der Arzt- und Pflegeberufe muß gesehen werden: In bezug auf medizinische und pflegerische Versorgung wird durchaus von Patienten wie von Angehörigen ein hoher Standard erwartet. Und die Frage: Ist alles getan worden, was möglich war? steht vielleicht derzeit nicht so oft im Blickpunkt des Interesses, – außer wenn es um Regreßansprüche geht. Und da wird nicht in erster Linie nach der am Krankenbett zum Zwecke des seelischen Beistandes verbrachten Zeit gefragt.

Der Seelsorger hat als Sinnvermittler angesichts des Leides von Kranken eine wichtige Funktion, wenn er auch letztlich nie die Frage nach dem „Warum?" wird beantworten können, auf die schon Hiob keine befriedigende Antwort von seinem Gott erhielt. Aber er wird mit seinem Angebot diesen Fragen standhalten müssen. Und Vorbild im Glauben, Gebet und Sakrament bieten zweifellos Trost. Besonders hauptberufliche Krankenhauspfarrer sehen jedoch ihre Funktion nicht mehr isoliert in der „Seel"sorge, sondern in der Sorge um den ganzen Menschen. Daher arbeiten sie mit den anderen an der Betreuung Beteiligten zusammen. Es gibt kaum irgendwelche Dokumente aus Fortbildungsveranstaltungen[169] oder Reader zur Sterbeproblematik[170], in denen nicht Geistliche engagierte und sehr sachkundige Beiträge leisten.

Geht man von der verfügbaren Literatur aus, so ist in den angelsächsischen Ländern eine beträchtliche Anzahl von Sozialarbeitern (in der Praxis Sozialarbeiterinnen[171]) an der Sorge für Sterbende beteiligt. Eine Reihe von Schriften ist hauptsächlich oder ausschließlich[172] für die Sozialarbeit mit Sterbenden konzipiert worden.

Sozialarbeiterinnen betreuen Kranke und Sterbende in deren Heim, aber auch in den Kliniken, wo sie sich vorrangig der emotionalen Probleme von Patienten annehmen.[173] Sie sind Ansprechpartner bei Kontaktschwierigkeiten und angesichts von Ängsten. Besonders wichtig ist ein solcher Beistand natürlich für weitgehend alleinstehende Personen. Aber auch für Patienten mit Familien ist die Hilfe der Sozialarbeiterin notwendig. Sie muß die Familie in die Arbeit einbeziehen, auf die Sorgen der Angehörigen eingehen, auf ihre Schuld- und Trauergefühle, und ein gegenseitiges Verstehen zwischen Patient und Angehörigen, das unter den Belastungen einer schweren Krankheit keineswegs selbstverständlich ist, fördern. Ein Patient nach langem Krankenhausaufenthalt, mit Schmerzen und Depressionen ist nicht immer ein bequemer Partner. Das Mitleiden der Angehörigen gelangt durchaus an Grenzen der Erträglichkeit. Die Sozialarbeiterin bringt auch Sorgen, Wünsche,

Beschwerden der Patienten den Ärzten und dem Pflegepersonal vor. Dies ist eine Aufgabe, die besonderes Fingerspitzengefühl erfordern dürfte. Denn sie muß einen Ausgleich finden zwischen der Deutlichkeit, die im Interesse des Patienten liegt, und einer Verbindlichkeit, die die Kooperationsbereitschaft derer, denen gegenüber sie ja nicht weisungsberechtigt ist, erhält.

Die Sozialarbeiterin erledigt ferner praktische Aufgaben oder vermittelt Hilfen zur Erledigung solcher Aufgaben. In einer amerikanischen Studie über Krebskranke wurde ermittelt, daß die Patienten am meisten Hilfe bei der Bewältigung finanzieller Probleme wünschten.[174] Auch hier wäre es die Aufgabe der Sozialarbeiterin, ordnend und vermittelnd einzugreifen. Wie wichtig gerade praktische Fragen sein können, zeigt ein erschütternder Fall, den Silvia Poss beschreibt[175]. Eine krebskranke Frau weiß zwar, daß sich ihre Mutter, wie schon bisher, um ihre zwei noch nicht schulpflichtigen Kinder kümmern wird. Aber dennoch ist sie niedergeschlagen und fragt die Sozialarbeiterin, was geschehen würde, wenn ihre Mutter nicht verfügbar sei. Die Sozialarbeiterin weist auf die Unterstützung hin, die im Falle fehlender Mütter geleistet wird, und stellt fest, daß diese Rückversicherung die Frau, die eine Woche nach dem Gespräch stirbt, beruhigt.

Im deutschsprachigen Raum wird der Sozialarbeiter noch selten für die Betreuung von Sterbenden herangezogen.[176] Die Thematik des Sterbens wird anscheinend auch kaum in den Ausbildungsgängen der Fachhochschulen berücksichtigt. Außerhalb der Klinik betreuen in Berlin (West) Sozialarbeiter Suizidpatienten. Am ehesten kommen den im angelsächsischen Raum entwickelten Vorstellungen Visiten in einer Station des Wiener Wilhelminenkrankenhauses nahe, die der sozialen Situation der Patienten gewidmet sind und bei denen der Sozialarbeiter als Koordinator wirkt.

Man kann gegen den Sozialarbeiter im Krankenzimmer

vorbringen, daß selbst die menschliche Fürsorge am Sterbenden hier vom Staat oder durch von ihm beauftragte Gremien verordnet wird. Aber die für die Kliniken Verantwortlichen sollten ernsthaft prüfen, ob in dem skizzierten Einsatz von Sozialarbeitern nicht eine wichtige Lücke in einer (ganzheitlich verstandenen) Versorgung des Patienten geschlossen wird.

1.5 Charakteristika modernen Sterbens: Sterben in Phasen

1.5.1 Der Beitrag von Barney G. Glaser und Anselm L. Strauss

Sterben hat viele Gesichter. Die Metapher vom „Gesicht" erscheint für den Prozeß des Sterbens angebracht: Jedes Sterben ist so einmalig wie ein Gesicht; und wie das Mienenspiel ein Antlitz dauernd verändert, so ist auch der Sterbeprozeß ein Vorgang mit vielen Wandlungen. Aber Gesichter ähneln sich, und wir haben Mienen, die für bestimmte Situationen passen. Und wenn im folgenden der Sterbeablauf charakterisiert wird, soll das einerseits unter der Voraussetzung von Generalisierungsmöglichkeiten, aber andererseits auch auf dem Hintergrund des Wissens geschehen, daß kein Sterben einem anderen gleicht.

Sterben ist ein Vorgang, der von vielen Faktoren beeinflußt wird. Prinzipiell ist deren Zahl und Gewicht nicht ermittelbar. Die nachfolgend als wichtig aufgeführten sind das Resultat der Erfahrungen von Personen, die das Sterben vielfach beobachten konnten. Der Mediziner John Hinton nennt sechs Faktoren, die für den Verlauf des Sterbens bedeutsam sind:

1. Die Erträglichkeit des Gesundheitszustandes,
2. das Wissen des Sterbenden um seine Situation,
3. die Reaktion auf dieses Wissen, z. B. Akzeptieren oder Ankämpfen oder Verdrängen,
4. die Beziehungen zu den Menschen in der Umgebung,

5. die Umgebung; besonders wichtig ist die Alternative: Wohnung oder Institution,
6. die psychischen Faktoren, die einen Menschen charakterisieren; in diesem Zusammenhang ist seine Art und Weise, auf krisenhafte Vorgänge zu reagieren, von besonderer Bedeutung.[177]

Alle diese Faktoren sind mehr oder weniger kulturell geprägt. Das gilt auch für die Erträglichkeit des Gesundheitszustandes, der nur auf den ersten Blick einen objektiven Faktor darstellt. Aber selbst Schmerzempfindungen oder wenigstens die Äußerungen über diese Empfindungen sind kulturell geprägt, wie aus einer amerikanischen Studie hervorgeht, in der italienisch- und irischstämmige Patienten verglichen wurden[178]. Ähnliches muß für den letzten Faktor in dieser Reihe angenommen werden. Ein stoisches Akzeptieren ohne jedes Aufbäumen etwa dürfte für unsere Kultur untypisch sein. Die Faktoren, die sich auf die Umwelt (Faktor 4 und 5) beziehen, sind bereits thematisiert worden (vgl. 1.4). Diskutierenswert erscheinen vor allem noch das Wissen des Sterbenden um seine Situation und seine Antwort (Faktor 2 und 3) sowie der entsprechende kulturelle Kontext.

Das Wissen des Sterbenden um seinen bevorstehenden Tod war schon als ein mögliches Definitionsmerkmal des Sterbens genannt worden (vgl. 1.1). Aber Grade dieses Wissens können auch Phasen des Sterbens konstituieren. Eine solche Phasenreihe wird von Barney G. Glaser und Anselm L. Strauss in der Schrift „Awareness of Dying" beschrieben, die unter dem Titel „Interaktion mit Sterbenden" in das Deutsche übersetzt wurde.

Glaser und Strauss beobachteten drei Jahre lang in sechs verschiedenen Krankenhäusern an der Westküste der USA das Verhalten von Sterbenden und des sie betreuenden Personals. Ein Schlüsselbegriff in ihrer Klassifikation ist „Bewußtheitskontext" („awareness context"). „Was *jeder* Interagierende über einen bestimmten Zustand des Patienten weiß, sowie sein Wissen darum, daß die anderen sich dessen bewußt sind, was er weiß . . ., werden wir *Bewußtheitskontext* nennen."[179] Bewußtheitskontexte definieren grundsätzlich die Situation und bestimmen vor allem die Interaktion zwischen Sterbenden und dem Personal.

Glaser und Strauss unterschieden vier Bewußtheitskontexte.

1. „Geschlossene Bewußtheit"[180] („closed awareness"[181]): Der Patient weiß nichts von dem nahen Tod. Voraussetzung dafür ist, daß der Kranke zu wenig medizinische Kenntnisse besitzt, um seine Lage beurteilen zu können. Das Krankenhauspersonal sowie die Angehörigen geben keine oder falsche Auskünfte über die Situation des Patienten und/oder meiden ihn. Beim Kranken entsteht so der Eindruck, der Krankenhausaufenthalt sei nur „Episode". Die Angehörigen (falls sie über den Zustand des Kranken Bescheid wissen) dürfen ihren Kummer nicht zeigen. Oft entstehen auch Schuldgefühle wegen des Hintergehens. Ähnliches kann beim Personal eintreten.
2. „Argwohn" („suspicion awareness"): Trotz des Bemühens, ihn im geschlossenen Bewußtheitskontext zu halten, kann der Patient mißtrauisch gegenüber den Aussagen des Personals werden. Dieses Mißtrauen kann sehr langsam entstehen oder blitzartig aufkommen und nach Klärung drängen. In der Regel versuchte das Personal in den von Glaser und Strauss erfaßten Kliniken, den Argwohn niederzuhalten. Falls dies nicht gelang, wurde der Patient aufgeklärt (Bewußtheitskontext 4). Ein besonderes Problem des Patienten in diesem Kontext ist die belastende Ungewißheit. Für das Personal ist die Auseinandersetzung mit dem Patienten schwierig. Oft meidet das Personal den argwöhnischen Patienten, so weit dies möglich ist.
3. „Kontext wechselseitiger Täuschung" („context of mutual pretense"): Personal und Kranker wissen um die

Situation, aber jede Seite tut so, als würde der Patient bald genesen. Das Personal betreut den Sterbenden wie jeden anderen Patienten. Man meidet im Gespräch „gefährliche Themen". Und wenn einer der Beteiligten in Unbedachtsamkeit erkennen läßt, daß er über die tatsächliche Situation im Bilde ist, tut der andere so, als habe er es nicht bemerkt.
Die wechselseitige Täuschung war der von Glaser und Strauss am häufigsten beobachtete Bewußtheitskontext. Die Autoren führen an, dieser Kontext böte dem Sterbenden in gewisser Weise Wahrung der Würde und der Intimität.

4. „Offene Bewußtheit" („open awareness"): Die offensichtliche Situation des Kranken oder sein Insistieren, über seinen Zustand informiert zu werden, kann zum Aussprechen des Faktums „naher Tod" führen. Der Patient hat , wenn er diesen Bewußtheitskontext erreicht, die Möglichkeit, sich bewußt auf seinen Tod vorzubereiten. Aber auch dieser Bewußtheitskontext bringt Belastungen mit sich. Für Angehörige wie Personal sind dies oft die Gespräche mit dem Sterbenden. Und der Sterbende kann in ständiger Angst oder ständigem Zorn aufgehen. Glaser und Strauss stellten fest, daß in diesem Fall ein „Verhaltenskodex für Sterbende" existiert (vgl. 1.4.3). Sie sollen das Sterben nicht beschleunigen (z.B. durch Selbstmord), sie sollen sich nicht gehen lassen, sich nicht zu stark von der Umwelt abwenden und Angehörigen wie Personal die Kooperation ermöglichen. „So sind die Voraussetzungen über einen ‚würdigen Abgang' maximal, wenn die Vorstellungen von Patient und Stab übereinstimmen und wenn sich diese Vorstellungen auch realisieren lassen."[182]

Generell kann festgestellt werden, daß der offene Bewußtheitskontext selten erreicht wurde. Wenn der Sterbende über das nahende Ende unterrichtet wurde, dann geschah das in allen von Glaser und Strauss beobachteten Fällen durch den Arzt, nie durch die Angehörigen.

Der Verlauf des Sterbens beginnt stets mit dem geschlossenen Bewußtheitskontext, und dies muß sich bis zum Tod nicht ändern. Er kann aber auch über Argwohn zu wechselseitiger Täuschung und offenem Kontext, oder lediglich zu Argwohn oder nur zu wechselseitiger Täuschung führen, ohne daß der Argwohn vorgeschaltet sein muß. So bildet das Modell der Bewußtheitskontexte gleichzeitig auch ein Modell der Phasen des Sterbens. Dieses Phasenmodell erfaßt alle möglichen Fälle des Sterbens und wird so der Vielfalt der Verläufe gerecht.

1.6 Charakteristika modernen Sterbens: Das verheimlichte Sterben?

Es wäre der Bedeutung der Frage nach der Unterrichtung eines Sterbenden über sein Schicksal unangemessen, wollte man die möglichen Reaktionsweisen lediglich als Klassifikationselemente für ein Phasenmodell benutzen. Diese Frage erweist sich als ein gravierendes Problem im Verlauf vor allem des langen Sterbens; ihr soll daher weiter nachgegangen werden.

Die Meinung der Patienten zum Problem der Information über die Konsequenzen einer Diagnose scheint relativ einheitlich zu sein. Die Mehrheit will die Wahrheit wissen. Das ist das Ergebnis vieler Untersuchungen. Gernot Huppmann und Angela Werner haben 18 Arbeiten aus fünf Ländern zusammengestellt, die fast ausnahmslos eine solche Tendenz deutlich machen.[183] Lediglich in einer deutschen Untersuchung war 1975 ermittelt worden, „65% wünschten so wenig wie möglich über die Folgen ihres Leidens zu erfahren“[184]. Gegen eine Generalisierung dieses Befundes stehen Ergebnisse, für deren Gültigkeit schon die Ernstsituation, in die sie eingebettet sind, spricht. So wollten im Rahmen einer deutschen Untersuchung von 1980 96% von 100 befragten Leukämiepatienten die noch zu stellende Diagnose wissen. Nach amerikanischen Befragungen aus den Jahren 1950 und 1957 sprachen sich 89% bzw. 81% Krebskranke für eine Aufklärung aus. Dennoch wird den Wünschen der Kranken sicher nicht in diesem Ausmaße Rechnung getragen.

Für ein Schweigen können folgende Gründe vorgebracht werden. Die Angehörigen können Bedenken haben, ob ein „Ja" auf die Frage nach dem nahen Tod nicht verfrüht ist und später als eine Art Todesurteil aufgefaßt wird. Dieses Argument wird auch der Mediziner trotz seiner Kenntnisse und Erfahrungen bisweilen vorbringen. Arzt wie pflegender Angehöriger können befürchten, daß das Bewußtsein des bevorstehenden Todes die körperliche und psychische Verfassung des Patienten beeinträchtigt.[185] Und sicher ist es falsch, einem unvorbereiteten Kranken oder etwa einem Kranken, der einen Infarkt überstanden hat[186], eine negative Diagnose zu präsentieren. Es ist inhuman, einem Sterbenskranken all die Hoffnungen auszureden, die er, vor allem bei zeitweiliger Besserung, schöpft, und es ist unsinnig, einem Kranken den Termin seines Sterbens zu nennen. Das können selbst diagnosesichere Ärzte nicht mit der Präzision, die hier erforderlich wäre. Und völlig unverantwortlich ist die Mitteilung einer noch nicht gesicherten Diagnose[187]. Dennoch bleibt die Frage, ob in jedem Fall dem wirklichen Bedürfnis des Patienten nach Aufklärung über sein Schicksal Rechnung getragen wird.

Donald Oken bemerkt zum Verhalten der Ärzte: „Die durchschnittliche Politik ist, so wenig wie möglich zu sagen, und dies mit allgemeinen Floskeln, die dazu bestimmt sind, die Kooperation bei der Behandlung zu sichern"[188]. Diese „Politik" stellt wohl eine Art Schutzverhalten der Ärzte vor als zutiefst belastend empfundenen Interaktionen dar. Die Ärzte halten damit Verstörungen des Patienten sowie Überlegungen fern, die die potentielle eigene Situation betreffen. In einer amerikanischen Untersuchung wurde festgestellt, daß schon Medizinstudenten in den ersten Semestern die Unterrichtung von Patienten und Angehörigen über ein unheilbares Leiden für die am meisten mit Angst besetzte Situation im ärztlichen Berufsleben hielten.[189]

Trotz des Widerspruchs zwischen den Ergebnissen der Befragung von Patienten und dem durchschnittlichen ärztlichen Verhalten läßt sich das Problem der Information des Sterbenden nicht einfach nach der Devise „Belügt uns nicht" – so der Titel eines Buches von Dieter Menninger[190] – lösen. Es ist kompliziert, die richtige Balance zwischen Offenheit und Wahrhaftigkeit einerseits und Takt und Rücksichtnahme andererseits zu finden. Dies zeigt deutlich ein Beispiel aus dem 1981 erschienenen Buch der Hamburger Psychologin Anne-Marie Tausch „Gespräche gegen die Angst". Die Autorin plante gerade ein wissenschaftliches Projekt über Gesprächsgruppen für Krebskranke[191], als sie erfuhr, daß sie selbst an Krebs litt. Aus der Betroffenheit über diese Feststellung schrieb sie ein Buch, das viele Gespräche mit Krebspatienten, deren Angehörigen und Ärzten enthält. Tausch gibt u.a. folgende Unterhaltung mit einem Arzt wieder.

> *Arzt:* „Was mich überrascht hat: Viele haben es (die Diagnose Krebs, G. S.) dadurch erfahren, daß sie die Arztbriefe geöffnet oder sich auf andere Weise die Befunde beschafft haben."
> *Tausch:* „Das ist eigentlich erschreckend, daß offensichtlich der Arzt nicht den Mut hatte, es den Patienten zu sagen."
> *Arzt:* „Ja, das hat mich auch erschreckt. Das ist sicherlich das allgemeine Verhalten in unserem Beruf. Mein Chef sagt immer: ‚Sag dem Patienten nicht die Wahrheit, sonst dreht er durch. Sprich mit den Angehörigen, aber sag es ihm nicht'. Und das habe ich zunächst übernommen. Es ist ein langer Weg, diese Haltung aufzugeben."[192]

Man könnte aus diesen Aussagen schließen: Die Patienten wollen die Wahrheit wissen, die eine sein kann, die auch das baldige Ende zum Inhalt hat. Aber das ist keine eindeutige Verhaltensnorm, die einfach übernommen werden kann. Wenige Seiten weiter unterhalten sich Patienten in einer Gesprächsgruppe über ihre Situation.

Anita: „Als ich vor einem Jahr die Leberspiegelung machte, da kam eine fremde Ärztin, die sagte gleich: ‚Heilen kann man das nicht – nur ein bißchen verlängern.' Ich will gern die Wahrheit wissen, weil ich auf Heilung hoffe. Aber die hat mir klipp und klar gesagt: ‚Heilen kann man es nicht'."

Liesbeth: „Du hast doch eben gesagt, Du willst die Wahrheit hören. Da stimmt doch etwas nicht."

Anita: „Daß man es nicht heilen kann, das hätte sie weglassen können. Ich will doch Hoffnung haben."

Vera: „Es ist ein großes Problem: Was wollen wir eigentlich von den Ärzten hören? Können wir es verkraften? . . ."[193]

Aus diesen Äußerungen ist zu verspüren, daß es nicht nur die Hilflosigkeit der Ärzte ist, die sie vor dem Aussprechen der Wahrheit zurückschrecken läßt. Angesichts der Entscheidung, *ob* eine solche Nachricht übermittelt werden soll und *wie* sie übermittelt werden soll, ist ein feines Gespür notwendig.[194] Es erscheint daher sinnvoll, wenn Uwe Koch und Christoph Schmeling u. a. folgendes Lernziel einer „Ausbildung für den Umgang mit Sterbenden" formulieren: „Der Teilnehmer soll in der Lage sein, mit dem Patienten offen zu kommunizieren (bzw. ihn aufzuklären) und ihm dabei einen Rest Hoffnung lassen"[195].

In diesem Zusammenhang gewinnt auch der „Kontext wechselseitiger Täuschung" bei Glaser und Strauss (vgl. 1.5.1) neue Züge. Er erscheint zunächst sehr inhuman. Der Sterbende spielt ein Spiel der Täuschungen mit; er nimmt damit Unsicherheit über sein Schicksal in Kauf. Aber vergessen wird dabei, daß er sich andererseits jene Hoffungen erhält, die ihn die Situation leichter ertragen lassen. Dazu paßt auch die Beobachtung von C. Murray Parkes, daß in der Sterbeklinik St. Christopher's eine ganze Reihe von Patienten nicht über ihr Schicksal reden will[196].

Es scheint gewisse Anhaltspunkte dafür zu geben, daß Sterbende vielfach den Zeitpunkt des bevorstehenden Todes „wissen". So erledigen sie z. B. zu einem Zeitpunkt, dessen Bedeutung für das Personal nicht faßbar ist, für sie wichtige Angelegenheiten, z.B. das Verteilen von Besitztümern[197], oder sie sprechen offen über den nahen Tod[198]. Spätestens zu diesem Zeitpunkt sollte das Schweigen gebrochen und auf den damit auch bekundeten Wunsch nach einer Aussprache eingegangen werden. In der Regel ist der Arzt der Unterrichtende, aber er muß es nicht sein[199]. Auf jeden Fall bedarf der Patient nach einer Unterrichtung des Beistandes von Angehörigen, Pflegern und Seelsorgern. Es wird dies in erster Linie emotionaler Beistand sein, der sofort nach dem Verlassen des Kranken durch den Arzt einsetzen sollte. Aber auch die praktische Hilfe bei der Regelung etwa von Erbschafts- und Versorgungsangelegenheiten, von allen Fragen des sog. letzten Willens kann notwendig sein. Überhaupt hat der Sterbende, der von seinem Ende weiß, die Chance – im oft sehr engen Rahmen der Möglichkeiten, die ihm sein Krankheitszustand beläßt – die ihm verbleibenden Tage bewußt zu gestalten, „in eine personbezogene Eigenwelt zurückgeführt zu werden"[200]. Kranke, vor allem Krebskranke, die um die Diagnose und ihre Folgen wissen, können z. T. zumindest zeitweise aus der Klinik entlassen werden. Auch sie brauchen weiter den Beistand, um mit ihrem Wissen leben zu können. Hier ist die Einrichtung von Gesprächsgruppen außerhalb der Klinik[201] angebracht. Solche Gruppen werden nach Eindruck des Autors derzeit in der Bundesrepublik von einzelnen Wohlfahrtsverbänden in zahlreichen Orten initiiert.

Zwar ist der Tod prinzipiell ein unerfreuliches Thema. Dennoch ist die Frage der Aufklärung eines Sterbenden kulturellen Wandlungen unterworfen. Es gibt Belege, daß das Verschweigen der Todesnähe im abendländischen Kulturkreis nicht stets üblich war. Das bedeutet jedoch nicht, daß es neuesten Datums ist. So weist Michel Vovelle auf die Memoiren der Madame de Montpensier hin, aus denen hervorgeht, daß man die Mutter Ludwigs XIV. nur ungern über ihren Zustand aufklärte. Der König gibt diese Aufgabe an die Bischöfe weiter, und auch diese weisen sie zunächst zurück, bis sie sie schließlich auf den Druck des Königs hin doch ausführen. Es kommen Argumente auf, die fast modern klingen. Ein Priester namens Blanchard stellt fest: „Das Zartgefühl der nächsten Angehörigen, die Gefälligkeit der Ärzte, die Furcht, die Krankheit dadurch zu verschlimmern, daß man den Kranken über die Gefahr, in der er sich befindet, informiert, und ähnliche schlimme Rücksichten, die man in solchen Fällen nimmt, haben einen schlimmen Tod zur Folge, d. h. einen Tod ohne Vorbereitung und Sakramente“[202]. In der belletristischen Literatur finden wir jedoch auch Beispiele, die Aufklärung in früheren Zeiten nicht nur möglich, sondern obligatorisch erscheinen lassen. Cervantes schreibt über Don Quijotte, daß der Arzt den Ritter auf den nahen Tod ausdrücklich hingewiesen habe.[203] Erschütternd ist die Darstellung der Todesankündigung in Daudets „Der Tod des Dauphin“. Der Hofkaplan versucht, dem sterbenden Thronfolger zum Bewußtsein zu bringen, daß er bald sterben müsse. Der Junge will davon nichts wissen. Er will sich durch Wachen schützen. Er will andere für sich sterben lassen. Und erst am Schluß steht dann die Einsicht des Kindes: „Ja, dann ist es gar nichts, Dauphin zu sein“[204].

1.7 Charakteristika modernen Sterbens: Sterben in Phasen Sterben in Phasen (Fortsetzung)

1.7.1 Der Beitrag von Elisabeth Kübler-Ross

Das bekannteste Phasenmodell des Sterbens ist von Elisabeth Kübler-Ross ausgearbeitet worden.[205] Kübler-Ross ist Psychiatrin in den Vereinigten Staaten und hat sich in den Kliniken, in denen sie tätig war, um ein der persönlichen Situation des Sterbenden angemessenes Verhalten bemüht. Ihr Modell ist ein Ertrag dieser praktischen Erfahrungen. In ihm wird davon ausgegangen, daß der Kranke die Diagnose „unheilbar mit in absehbarer Zeit zu erwartendem Tod“ kennt.

Das Modell setzt sich aus fünf Phasen zusammen:

Die *erste Phase* ist das Nichtwahrhabenwollen. Der Patient weigert sich, die Diagnose zur Kenntnis zu nehmen. Er hofft dringend, daß der Befund falsch ist, oder er handelt so, als ob es die Krankheit nicht gäbe.

Die *zweite Phase* ist Zorn. Kübler-Ross charakterisiert sie folgendermaßen: Während die erste Phase durch „Nein, nein, mit mir kann es nichts zu tun haben“ gekennzeichnet ist, ist für die zweite Phase der Ausruf typisch: „Warum denn gerade ich?“ Aus dieser Frage erwächst eine große Unzufriedenheit mit der nicht kranken Umwelt, mit Ärzten, Pflegepersonal und Angehörigen. Dies ist eine Phase, in der der Kontakt mit dem Sterbenskranken besonders schwierig ist, weil er – so sieht es aus – den Konflikt sucht. Der Kranke ist außerordentlich gereizt, wankelmütig und leicht aus der Fassung zu bringen.

Die *dritte Phase* ist das Verhandeln. Hier wollen Sterbenskranke z. B. mit Gott darüber verhandeln, ob er sie gegen ein schwerwiegendes Opfer ihrerseits gesunden lassen kann. Hier kommen Gedanken auf: Wenn ich noch zwei Jahre leben könnte, wenn ich doch dieses oder jenes familiäre Ereignis miterleben dürfte. Diese Phase dauert meist nicht lange und ist nicht stark ausgeprägt.

Die *vierte Phase* ist die Depression, die sich nicht mehr, wie das bei der zweiten Phase der Fall war, gegen die Umwelt richtet. Im Gegenteil: Oft schwingt in diesen Depressionen auch die Sorge für die Umwelt, speziell die Angehörigen mit. Wie wird meine Frau mit den Problemen des Broterwerbs für die Familie fertig werden? Kann ich meinem Mann oder später einer neuen Mutter die Sorge und Erziehung meiner Kinder überlassen? Auch Schuldgefühle, die sich auf vergangene Ereignisse beziehen, können in dieser Situation eine Rolle spielen. Gerade in dieser Phase ist die Aussprache ein wichtiges Mittel gegen die Belastungen der Depressionen.

Die *fünfte Phase* ist nach Kübler-Ross die Zustimmung. Sie bedeutet ein Akzeptieren des Schicksals. Dazu kommt eine Lösung von der Umwelt. Der Kranke will in der Regel Ruhe und schließt mit seinem Leben ab.

Kübler-Ross erfuhr mit ihrer Schrift über die Sterbephase eine überwältigende Resonanz. Von der amerikanischen Originalausgabe des Buches, das unter dem Titel „On Death and Dying" 1969 zum ersten Mal aufgelegt worden war, waren bereits 1976 über eine Million Exemplare verkauft worden[206]. Die deutsche Version „Interviews mit Sterbenden" war als Taschenbuchausgabe 1982 in 9. Auflage verfügbar. Daß ihr Buch solchen Erfolg hatte, zeigt noch einmal, daß Sterben kein Tabu-Thema ist.

Kübler-Ross hat mit ihrer Schrift wie kaum jemand anders auf die Probleme des Sterbens aufmerksam gemacht. Und durch die einprägsame Stadieneinteilung machte sie das Sterben kommunizierbar: „Der Sozialarbeiter aus Utah kann mit der Krankenschwester aus New York, mit der er zusammentrifft, über Stadium 3 sprechen ...“[207].

Kübler-Ross' Phaseneinteilung ist aber auch häufig kritisiert worden.

Robert J. Kastenbaum nennt als mögliche Orientierungen beim Sterben: Akzeptieren, Apathie, Verstehen und Antizipieren.[208] Nach Hinton sterben über 10% der Patienten in Kliniken voll Angst.[209] Kübler-Ross selbst weist darauf hin, daß nicht bei jedem Sterben alle Phasen durchlebt werden und daß die Phasen häufig nicht in der Reihenfolge auftreten, wie sie beschrieben wurden.[210]

Vielen Todesforschern erscheint das Modell zu detailliert. Andere wollen eine sechste Phase, die Erfüllung, anfügen.[211] Nur bezüglich der Phasen „Depression“ und „Akzeptieren“ ist eine Übereinstimmung bei mehreren Autoren zu verzeichnen. Nach Sporken und Michels beginnt das Sterben mit den Stufen „Unwissenheit, Unsicherheit“ sowie „Tendenzen zur Leugnung“, denen sich die „Wahrheitsmitteilung oder -findung“ und der bei Kübler-Ross beschriebene Prozeß anschließen.[212] Stephen V. Gullo und Mitarbeiter stellten fest, daß bei den meisten Patienten während des Durchlebens der Stadien eine bestimmte Art zu reagieren dominierte (d.i. der von ihnen sog. „predominant response style“[213]). So konnte Akzeptieren oder Verneinen oder Widerstand in allen Phasen als durchgehende Haltung festgestellt werden.[214]

Ein soziologisch geprägtes Argument ist die Mittelschichtorientiertheit des Modells[215]. Es könnte im Zusammenhang mit den Kliniken stehen, in denen Kübler-Ross arbeitete.

Kübler-Ross wollte mit ihren Vorstellungen, von denen die des Sterbensablaufs lediglich ein, wenn auch ein sehr wichtiges Element bilden, Hilfe und Beistand für den Sterbenden ermöglichen. Und in der Tat kann das Phasenmodell eine Voraussetzung für die Überwindung von Verhaltensunsicherheiten gegenüber Sterbenskranken darstellen.

Aber das Modell kann auch ein Hemmnis für die angemessene seelische Betreuung eines Sterbenden sein, wenn es präskriptiv aufgefaßt wird. Es kann die „Begleiter eher an einer guten Begleitung des Sterbenden zu seinem eigenen Tod hindern, da ihnen geradezu Lernziele im Sterben vorgegeben sind, die sie mit dem Sterbenden erreichen müssen“[216].

Es drängt sich weiter der Eindruck auf, daß der Phasenablauf des Sterbens nach Kübler-Ross vor allem den Sterbeprozeß bei Karzinompatienten beschreibt.[217] Die Orientierung am Krebs gilt aber weitgehend auch für die Frage der Unterrichtung des Sterbenden über den nahen Tod (vgl. 1.6), und damit zeigt sich, daß die Todesursache „Bösartige Neubildung“ – das muß selbstkritisch angemerkt werden – z.T. ebenfalls die Auswahl der in dieser Schrift behandelten Themen bestimmte. Hier trifft zu, was Hinton feststellte: Das Sterben an Krebs oder allenfalls an – so hat er es ausgeweitet – chronischen Krankheiten[218] ist, auch wenn es nicht ausdrücklich festgestellt wird, das eigentliche Thema vieler Abhandlungen zum Sterben.

Dieses pars-pro-toto-Verfahren, das Sterben an bösartigen Neubildungen als das typische Sterben in unserer Zeit und Kultur zu betrachten, reflektiert die weit verbreitete Furcht vor der Krankheit, die oft als „moderne Geisel der Menschheit“ bezeichnet wird. Auch die Schrecken dieser Krankheit lassen keineswegs erst uns Heutige erschaudern. In demselben Jahr 1912, in dem Rilke seine „Aufzeichnungen des Malte Laurids Brigge“ verfaßte (vgl. 1.4.1), schrieb Gottfried Benn ein Gedicht, das das Furchtbare des Krebs überdeutlich vor Augen treten läßt und tiefste Furcht auslösen konnte.

Mann und Frau gehen durch die Krebsbaracke[219]

Der Mann:
Hier diese Reihe sind zerfallene Schöße,

und diese Reihe ist zerfallene Brust.
Bett stinkt bei Bett. Die Schwestern wechseln stündlich.
Komm, hebe ruhig diese Decke auf.
sieh, dieser Klumpen Fett und faule Säfte,
das war einst irgendeinem Mann groß
und hieß auch Rausch und Heimat.

Komm, sieh auf diese Narbe an der Brust.
Fühlst du den Rosenkranz von weichen Knoten?
Fühl ruhig hin. Das Fleisch ist weich und schmerzt nicht.

Hier diese blutet wie aus dreißig Leibern.
Kein Mensch hat so viel Blut.
Hier dieser schnitt man
erst noch ein Kind aus dem verkrebsten Schoß.

Man läßt sie schlafen. Tag und Nacht. – Den Neuen
sagt man: hier schläft man sich gesund. – Nur sonntags
für den Besuch läßt man sie etwas wacher.

Nahrung wird wenig noch verzehrt. Die Rücken
sind wund. Du siehst die Fliegen. Manchmal
wäscht sie die Schwester. Wie man Bänke wäscht.

Hier schwillt der Acker schon um jedes Bett.
Fleisch ebnet sich zu Land. Glut gibt sich fort.
Saft schickt sich an zu rinnen. Erde ruft.

1.7.2 Zum Beitrag von Avery D. Weisman

Vorstellungen des Psychiaters Avery D. Weisman, die dieser in seiner Schrift „On Dying and Denying“ entwickelte, können Kübler-Ross’ Konzeption ergänzen. Sie werden m.E. viel zu selten berücksichtigt, obwohl sie differenzierter, umfassender und bezüglich der Verlaufsformen offener sind als ihr Modell. An zwei Punkten, nämlich an der „Leugnung“, d. h. dem bei Kübler-Ross sog. Nichtwahrhabenwollen, und dem Sterben an Begleiterscheinungen des Alters sollen die Eigenarten von Weismans Analyse demonstriert werden, die auf der Beobachtung von über 350 Fällen beruht.

Die Leugnung ist für Weisman nicht nur eine Phase wie für Kübler-Ross, sondern eine Reaktion, die im Sterbeprozeß immer wiederkehren, die verschiedene Grade erreichen und an verschiedene Adressaten gerichtet sein kann. Ausserdem ist sie noch ein in sich sehr differenzierter Prozeß mit verschiedenen Stufen, zu denen u. a. neben der Erkenntnis der Realität die Zurückweisung eines bedrohlichen Teils der Erkenntnis und die Einfügung einer dem Individuum erträglich erscheinenden Version in die Realität gehören.[220]

Als verschiedene Grade („degrees or orders“[221]) der Leugnung bezeichnet Weisman Formen, die durch Gegenstände der Leugnung gekennzeichnet sind:

Ablehnung 1. Grades:	Das Kranksein selbst oder die Diagnose werden zurückgewiesen,
Ablehnung 2. Grades:	Die Implikationen der Diagnose werden zurückgewiesen (z.B. Notwendigkeit einer Operation),
Ablehnung 3. Grades:	Die Unheilbarkeit wird zurückgewiesen[222].

Weisman kennt drei Stufen einer bösartigen Erkrankung:

1. Erkennen der Krankheit („Primary Recognition“)
2. Eigentliche Krankheit („Established Disease“)
3. Letztes Stadium „(Final Decline“[223]).

Diese Stufen korrespondieren überdurchschnittlich häufig mit den drei Graden der Ablehnung.

Die zum Ausdruck gebrachte Ablehnung kann je nach der sozialen Beziehung variieren. Was man vor Mitpatienten über die Krankheit sagt, kann sich von den Äußerungen gegenüber dem Gatten oder Arzt signifikant unterscheiden. Dies erzeugt nach Weisman ein Bewußtsein, das er mittleres Wissen („middle knowledge[224]) nennt.

Auch diese Modelle Weismans sind vor allem auf Erkrankungen an bösartigen Neubildungen anwendbar und werden von Weisman auf solche angewandt. Aber bei Weisman werden zusätzlich andere Todesursachen berücksichtigt, die die obige Bewertung „umfassender“ rechtfertigen. So sieht er für Menschen, die an Begleiterscheinungen ihres hohen Alters sterben, angesichts des nahenden Todes vier Reaktionsformen:

1. Entsagung („renunciation“),
2. Kapitulation („capitulation“),
3. Vernichtung („nullification“),
4. Unbeirrbarkeit („resolution“[225]).

Die Entsagung trägt den Charakter des Aktiven, während die Kapitulation ein Sich-Überlassen, ein Aufgeben in Apathie ist, bei dem der einzelne mit seinem Willen nicht oder kaum mehr beteiligt ist. Vernichtung bedeutet, daß der Kranke mit seiner Orientierungslosigkeit zum Ende beiträgt. Unbeirrbarkeit bedeutet nicht Kampf gegen den Tod, sondern Übersicht über die Situation, in der man steht, und Wahrnehmen der Chancen auf Überleben, die sich bieten.

1.8 Charakteristika modernen Sterbens: Das mit Angst besetzte Sterben

1.8.1 Furcht und Angst vor Sterben und Tod

Die Feststellung, daß in unserer Gesellschaft Sterben und Tod selten direkt erlebt werden, ist auch Ausgangspunkt für Überlegungen zu Angst und Furcht[226] vor Sterben und Tod. Prinzipiell gilt: Eine stets präsente Angst vor dem Tod ist den meisten Menschen unseres Kulturkreises unbekannt. Denn wovon man nur selten existentiell angerührt wird, davor hat man auch selten tiefgreifende Angst. Die Indifferenz gegenüber dem Tod wird dann aufgebrochen, wenn jemand mit dem Tod direkt konfrontiert wird, sei dies in der Form, daß er den Tod eines nahen Angehörigen miterlebt oder daß er selbst längere Zeit in Lebensgefahr schwebt.[227] Gelangen allerdings Menschen an jene Grenze, die man heute mit „Sterbeerfahrungen" umschreibt und die durch Bücher wie Raymond A. Moodys „Leben nach dem Tod"[228], Johann Christoph Hampes „Sterben ist doch ganz anders"[229] oder Eckart Wiesenhütters „Blick nach drüben"[230] bekannt wurde, so wird von auffällig nachlassender Angst vor dem Tod berichtet[231].

Es wurden zahlreiche Arbeiten über den Zusammenhang von sozialen Merkmalen und Todesfurcht vorgelegt. Ältere Menschen etwa bezeugen häufig weniger Angst vor dem Tode als jüngere.[232]

Allerdings stimmen die Ergebnisse der Untersuchungen nicht immer überein. So referiert Hahn eine Arbeit, in der aufgewiesen wird, daß alte Menschen in Altersheimen eine besonders positive Einstellung zum Tod entwickeln.[233] Das soll u.a. auch damit zusammenhängen, daß sie oft den Tod von Menschen miterleben, mit denen sie enge Kontakte verbanden. Diese Annahme könnte eine Bestätigung der These darstellen, daß häufigeres intensives Erleben des Todes Nahestehender die Todesfurcht verringert.[234] Dieser Befund dürfte allerdings nur für Personen gelten, die schon lange in Heimen leben. Denn eine unstabile Umgebung, wie sie auch durch den Prozeß des Eingewöhnens in ein Heim zustandekommt, geht mit vermehrter Todesfurcht einher[235]. Nach anderen Arbeiten ist die Todesfurcht der Menschen in Institutionen überhaupt größer als bei solchen, die selbständig haushalten.[236]

Bei mehreren Untersuchungen ergab sich, daß Frauen stärkere Angst vor dem Tod äußerten als Männer. Dies wurde u.a. mit der stärkeren Körperbezogenheit von Frauen begründet.[237]

Die Befunde zum Zusammenhang zwischen der Angst vor dem Tod und Religiosität erscheinen widerspruchsvoll. Das ist zum Teil auf die Komplexität der Variable „Religiosität" zurückzuführen. Als wichtig erwies sich die Berücksichtigung der Komponente „Belohnung oder Bestrafung". Dominieren Vorstellungen wie „Seligkeit", „Paradies", „Heimat" im religiösen Bewußtsein, so wird überdurchschnittlich selten Angst vor dem Tod angegeben. „Mit starker Angst vor dem Tod einhergehende Religiosität läßt sich interpretieren als Ausdruck subjektiver Dominanz negativer Glaubensinhalte wie Jüngstes Gericht, Hölle, Verdammnis."[238]

Ferner besteht ein Zusammenhang zwischen Gesundheitszustand und Todesfurcht. Kranke haben mehr Angst vor dem Tod.[239] Besonders starke Ängste äußerten Psychotiker und Neurotiker.[240]

Die Angst vor dem Tod hat viele Gesichter. Es kann die Angst vor dem Tod anderer sein und die Angst vor dem eigenen Tod. Es kann die Angst vor dem Vorgang des Sterbens sein und die Angst vor dem, was nach dem Tode kommt. Und es kann die Angst vor Toten sein. Diese früher weit verbreitete Totenfurcht ist heute selten zu finden. Am häufigsten tritt Angst vor dem eigenen Sterben auf.[241] Besonders oft bei Erwachsenen – seltener bei Jugendlichen – wurde diese spezifische Angst vor dem Sterben festgestellt.[242] Innerhalb der Furcht vor dem eigenen Tod scheint die Sorge um die Familie eine wichtige Komponente zu sein.[243] Und zergliedert man die Angst vor dem eigentlichen Sterben, so tritt deutlich die Angst vor den Schmerzen, vor der Einsamkeit und vor einem langen Leiden hervor.[244] In einer Untersuchung von D. Cappon aus dem Jahre 1963 wünschten sich über 80% der Versuchspersonen einen plötzlichen Tod.[245] Auch aus Forschungen über die Legitimität des Todes, die Victor W. Marshall durchgeführt hat, lassen sich diese sowie zusätzliche Ängste ableiten.[246] Der Tod ist willkommen, wenn man nur noch eine Bürde für andere darstellt[247], wenn man seine geistigen Fähigkeiten eingebüßt hat und vor allem wenn sich der gesundheitliche Zustand verschlechtert und die Schmerzen zunehmen[248].

Diese Resultate dürfen nicht isoliert gesehen werden; sie stehen im Zusammenhang mit gegenwärtigen Vorstellungen, Diskussionen, selbst organisatorischen Strukturen. In den Ergebnissen kommt vor allem die Auffassung von der Janusköpfigkeit der lebensverlängernden Möglichkeiten heutiger Medizin zum Ausdruck. Schreckensbilder, die z. B. in einer Folge des SPIEGEL[249] gezeichnet wurden und die durchaus nicht des Realitätsbezugs entbehren, wirken sicher in die Richtung des Wunsches nach einem plötzlichen Tod. Es wurden Sterbende vorgestellt, die tage-, oft wochenlang unter künstlichem Licht, bei stark eingeschränkten Bewegungsmöglichkeiten, weitgehend abgeschirmt von ihren Angehörigen, mit Hilfe der Möglichkeiten moderner Medizin – Infusionen, Beatmungsgeräten, Sauerstoffzelten usw. – am Leben erhalten wurden und die ihr Leben oft aufgeben wollten. Und auch Angehörige erleben Karzinompatienten im Endstadium, die unerträglich unter den Schmerzen leiden, weil diese kaum mehr gestillt werden können.

1.8.2 Reaktionen auf die Angst vor dem Sterben

Beschreibungen wie das Erleben qualvollen Sterbens wirken z.T. recht nachhaltig, und sie fordern die Menschen heraus. Drei Formen der Annahme dieser Herausforderung sollen im folgenden erörtert werden.

1.8.2.1 Die Zunahme wissenschaftlicher Veröffentlichungen zu „Sterben“ und „Tod“

Themen wissenschaftlicher Arbeiten kommen in der Regel nicht zufällig auf. Oft stehen sie im Zusammenhang mit Nöten der Menschen oder Mängeln der Gesellschaft. Das dürfte auch für die Thematik „Sterben“ und „Tod“ gelten. Zumindest teilweise ging mit der Weiterentwicklung und der verbreiteten Anwendung von lebensverlängernden Maßnahmen in der Medizin eine Vermehrung der Literatur zu Sterben und Tod einher. Das läßt sich für den englischsprachigen Raum eindrucksvoll belegen. Fulton ermittelte für den Zeitraum zwischen 1845 und 1975 3.800 Publikationen über Sterben und Tod. Davon erschienen 3.400 Titel zwischen 1964 und 1975.[250] Diese Veröffentlichungen sind keineswegs vor allem der Medizin zuzuordnen. Wittkowski zählte die psychologisch orientierten Veröffentlichungen nach den „Psychological Abstracts“ aus: In den vier Jahren zwischen 1927 und 1930 erschienen 25 Publikationen zum Thema „Tod“, zwischen 1937 und 1940 33, zwischen 1947 und 1950 14, zwischen 1957 und 1960 40, zwischen 1967 und 1970 jedoch schon 323 Veröffentlichungen. Und 1974 allein waren es 144 und 1975 177 Arbeiten.[251]

1.8.2.2 Die Diskussion um die Euthanasie

Eine eindeutige Reaktion auf den Leidensweg unheilbar Kranker ist die Diskussion um die sog. Sterbehilfe. Sterbehilfe soll es ermöglichen, einen solchen Leidensweg abzukürzen. *Passive Sterbehilfe* besteht im Abschalten von lebenserhaltenden Geräten oder in Gaben von schmerzstillenden Mitteln, die, etwa durch Überlastung des Kreislaufs, den Tod schneller herbeiführen können. *Aktive Sterbehilfe,* die sog. Euthanasie, ist die direkte Herbeiführung des Todes etwa durch Injektion toxisch wirkender Stoffe.

Wenig umstritten ist die passive Sterbehilfe. Ein Urteil des Bundesgerichtshofs vom 30.9.1955 verpflichtet den Arzt sogar zu passiver Sterbehilfe mit schmerzlindernden Mitteln. Die Verabreichung derartiger Mittel ist auch dann zulässig, wenn sie die Widerstandskraft des Patienten mindert.[252] In der Schweiz wurden 1977 von der Akademie der Medizinischen Wissenschaften „Richtlinien für die (passive, G. S.) Sterbehilfe" veröffentlicht, die dem behandelnden Arzt Rückhalt für sein Tun geben wollen.[253] Der passiven Sterbehilfe stehen auch kaum Bedenken von Seiten der christlichen Theologen entgegen.[254] Für den Bereich der katholischen Kirche hatte schon Papst Pius XII. 1957 in einer Ansprache vor Teilnehmern eines Anästhesistenkongresses festgestellt, der Arzt müsse nicht bei hoffnungslosem Zustand des Kranken die Wiederbelebungsmöglichkeiten über das „gewöhnliche" Maß hinaus fortsetzen.[255]

Die aktive Sterbehilfe ist in der Bundesrepublik Deutschland verboten. Nach § 216 StGB ist die Tötung auf Verlangen mit Freiheitsstrafen von sechs Monaten bis fünf Jahren zu ahnden.[256]

Als hauptsächlicher Grund für eine aktive Sterbehilfe wird das Vermeiden von schweren, oft unerträglichen Schmerzen bei unheilbarer Krankheit genannt. Denn häufig verursache auch eine passive Sterbehilfe noch großes

Leiden.[257] Joseph Fletcher sieht die Euthanasie als eine der vielen notwendigen Reaktionen auf den Fortschritt, in diesem Falle auf zunehmende Möglichkeiten der Verlängerung des Lebens. „Was bezüglich der Geburtenkontrolle stattgefunden hat, ist gleichermaßen für die Todeskontrolle erforderlich."[258] Der Eid des Hippokrates darf nach Meinung von Antony Flew, einem weiteren Verfechter der Euthanasie, dabei kein Hindernis sein. Die Teile: „den Kranken zu helfen nach meinen Fähigkeiten und meinem Urteil" und: „niemand eine tödliche Dosis zu geben, wenn ich dazu aufgefordert werde" widersprächen einander bei unheilbarem Leiden. So müßte das zweite Versprechen gebrochen werden, um der Grundintention des Eides nachzukommen.[259]

Letzteres wird von den Gegnern der Euthanasie bestritten. Das Leben eines Menschen gehöre auch der Gemeinschaft und werde von dieser beschützt.[260] Weiter werden folgende Gründe gegen die aktive Sterbehilfe angeführt: Es könne sich nach einem willentlich herbeigeführten Tode herausstellen, daß die Krankheit nicht unheilbar war oder daß Heilungsmöglichkeiten entdeckt wurden.[261] Von theologischer Warte wird eingeworfen, daß sich der Mensch göttliche Kompetenzen anmaße; Gott allein sei der Herr über Leben und Tod.[262]

Eine Reihe von Einwänden gegen aktive Sterbehilfe geht vom Willen des Patienten oder seiner Angehörigen aus. Es sei zweifelhaft, ob ein komatöser Patient noch wünsche, getötet zu werden, wie er das zuvor verfügt habe. Auch die Zurechnungsfähigkeit eines unter hohen Dosen von Schmerzzmitteln stehenden Kranken sei zu bezweifeln.[263] Problematischer sei es, die Entscheidung über die ärztliche Tötung Angehörigen zu überlassen. Nicht immer seien diese durch subjektive Befangenheit, z.B. aus Gründen der Abneigung, in der Lage, den Willen des Kranken zu ersetzen. Und wie sei es zu werten, wenn Kranke sich den Tod wünschten, um den Angehörigen die Last der Pflege zu ersparen?

Ein weiterer Argumentationsstrang geht davon aus, daß der Wille zur Beendigung eines Lebens von anderen als dem Patienten oder dessen Angehörigen ausgeht. Aktive Sterbehilfe sei in diesem Fall ein Verstoß, der gegen den Wert des Lebens gerichtet sei und zu Ausuferungen führen könne, die selbst das Euthanasieprogramm der Nazis gerechtfertigt erscheinen ließen („Domino-Theorie"[264]). In diesem Zusammenhang soll eine Untersuchung aus den USA erwähnt werden, in der die Bereitschaft erkundet wurde, das Problem der Überbevölkerung der Erde durch Euthanasie von geistig Behinderten und Geisteskranken zu lösen.[265] Die Ergebnisse zeugen nicht von einer geschlossenenen Front der Bevölkerung gegen staatlich verordenete Euthanasie.

Auch in der Bundesrepublik werden derzeit Fragen der Sterbehilfe bei unheilbarer Krankheit und in deren fortgeschrittenen, oft unerträglichen Stadien erörtert. Die Euthanasiepraxis im 3. Reich hatte Diskussionen und Initiativen zu diesem Problem gehemmt, die in anderen westlichen Ländern schon geraume Zeit zu beobachten sind. Eine Gesetzesvorlage zur Euthanasie wurde bereits 1936 im House of Lords diskutiert und abgelehnt. Berühmte Persönlichkeiten wie G.B. Shaw, H.G. Wells oder Julian Huxley hatten sie unterstützt.[266] 1947 wurde im Staate New York eine Gesetzesinitiative zur Legalisierung der Sterbehilfe eingebracht, die jedoch nicht zum Erfolg führte, obwohl sich mehr als 1000 New Yorker Ärzte dafür aussprachen.[267] 1969 war ein ähnlicher Vorstoß in Großbritannien ebenfalls erfolglos.[268] Wie weit in den USA doch die Bemühungen um diesen Problemkreis geführt haben, zeigt die Tatsache, daß seit 1976 im Staate Kalifornien eine diesbezügliche gesetzliche Neuregelung, der sog. Natural Death Act, in Kraft gesetzt ist. Dem Patienten wird erlaubt, seinen Todestermin zu bestimmen. U.a. wird z.B. festgelegt, daß der Wunsch des Kranken, ihn zu töten, nicht seine Ansprüche an die Lebensversicherungsgesellschaften beeinträchtigt.[269]

In der Bundesrepublik Deutschland ist erst das Stadium der Bildung organisatorischer Strukturen erreicht, unter denen die 1980 gegründete „Deutsche Gesellschaft für Humanes Sterben“ weitaus am bedeutsamsten ist[270]. Die Gesellschaft zählte 1982 ca. 3 000 Mitglieder. Sie ist Mitglied der „World Federation of Right-to-Die-Societies“, die im gleichen Jahr aus 29 nationalen Vereinigungen bestand.[271] Die Deutsche Gesellschaft für Humanes Sterben propagiert die freie Verfügung des Patienten über sein Leben, die sie als Voraussetzung für ein menschenwürdiges Sterben betrachtet. Besonders Maßnahmen, die Leiden des Kranken unzumutbar verlängern, lehnt sie kategorisch ab. Mittel des Patienten, sich gegen die Macht der Mediziner über Leben und Sterben zu stellen, sind die Patientenverfügung (oft „Patiententestament“ genannt) und die Freitod-Verfügung (vgl. Abbildung 1 und 2). Inwieweit Ärzte sich in ihrem Handeln an derartigen Willensbekundungen orientieren dürfen oder müssen, ist derzeit umstritten. Im Falle der Freitod-Verfügung reichen Diskussionen und Fragwürdigkeiten jedoch weit über den rechtlichen Bereich hinaus, etwa weil die Gesellschaft ihren Mitgliedern Broschüren, die Möglichkeiten des Freitods aufzeigen, zur Verfügung stellt. Dagen wird eingewandt, daß der Freitod von Menschen gefördert werde, die nicht unheilbar krank seien, sondern sich in Depressionen und anderen belastenden psychischen Situationen befänden. Diese Frage wurde in der Presse[272] intensiv auch beim Erscheinen der Schrift „Gebrauchsanleitung zum Selbstmord“ von Claude Guillon und Yves le Bonniec diskutiert, die 1982 in einer deutschen Übersetzung veröffentlicht wurde[273]. Aber andere Vorstellungen der Deutschen Gesellschaft für Humanes Sterben sind ebenfalls starker Kritik vor allem seitens der Ärzte ausgesetzt. So wird etwa darauf verwiesen, daß der im Patiententestament ausgedrückte Wille im Ernstfall vielleicht nicht aufrechterhalten würde, ein Rücktritt von der Willenserklärung aber nicht mehr möglich sei.[274]

Abb. 1: Patientenverfügung

Patientenverfügung

(A)

(Formular zur Einwilligung in eine Heilbehandlung gem. § 226 a StGB in Verbindung mit § 133 BGB)

Formblatt A der Deutschen Gesellschaft für Humanes Sterben (DGHS) e. V., Postfach 110529, 8900 Augsburg, Telefon 0821/36128

Personalien

Vor- und Zuname Muster ______________________________

Geburtsdatum ______________________________

Anschrift ______________________________
(Straße, PLZ., Ort, Tal.-Nr.)

Krankenkasse ______________________________
(Anschrift der zuständigen Geschäftsstelle)

I. Sollte ich außerstande sein, meinen Willen zu äußern, so verfüge ich gem. § 226 a StGB im voraus folgendes:

1. Ich setze es als selbstverständlich voraus, daß mir meine Schmerzen stets genommen bzw. gelindert werden. Haben zwei Ärzte diagnostiziert, daß ich mich in einem unaufhaltsamen Sterbeprozeß befinde, so verfüge ich, daß mir die schmerzstillende Medikation ungeachtet der möglichen Beschleunigung der Herbeiführung meines Todeszeitpunktes in ausreichender Dosis gewährt wird.

2. Die Anwendung lebenserhaltender Maßnahmen hat zu unterbleiben, wenn
   a) nach menschlichem Ermessen ein Sterbeprozeß eingetreten ist, wobei gem. 1 hinsichtlich der Diagnose zu verfahren ist;
   b) nur eine geringe Aussicht besteht, daß ich mein Bewußtsein wiedererlange;
   c) nach menschlichem Ermessen eine hohe Wahrscheinlichkeit dafür spricht, daß ich eine schwere Dauerschädigung meines Gehirns davontrage, die mir ein personales Dasein nicht mehr erlaubt; **oder**
   d) nur eine risikoreiche Operation helfen könnte. Unter einer risikoreichen Operation verstehe ich eine solche, bei der die Wahrscheinlichkeit, daß ich sterbe, mindestens mit 80 % nach menschlichem Ermessen zu bewerten ist.

Die genannten Bedingungen gelten alternativ und nicht kumulativ.

Ich habe diese Verfügung nach sorgfältigen Erwägungen getroffen. Sowohl meine Angehörigen als auch die Deutsche Gesellschaft für Humanes Sterben (DGHS) e. V. sind bei Zuwiderhandlung ermächtigt, die ihnen zweckmäßig erscheinenden Schritte straf- und zivilrechtlicher Art zu unternehmen.
Meine Krankenkasse bzw. meine Erben können in diesen Fällen gem. § 683 BGB bzw. § 182 Abs. 2 RVO und § 184 Abs. 1 RVO Zahlungen verweigern. Diese über meinen Tod hinausgehende Vollmacht schließt die Ermächtigung zur Einsichtnahme in meine Krankendokumente durch sie oder ihre Anwälte ein. Eine Berufung auf § 203 StGB (ärztliche Schweigepflicht) durch medizinisches Personal entfällt bei Verdacht auf Zuwiderhandlungen von Ärzten gegen diese Verfügung. Auch einer Obduktion stimme ich zu, falls diese zur Erforschung der Wahrheit notwendig werden sollte.

Die Tatsache meiner Mitgliedschaft in der DGHS bedeutet, daß ich zu dieser Patientenverfügung ungebrochen stehe (Beitragsmarken umseitig).

II. Für den Fall einer Prognose, daß ich mich in einem unaufhaltsamen Sterbeprozeß befinde, möchte ich sofort über meinen Zustand voll aufgeklärt werden, auch wenn sich dadurch mein psychischer Zustand verschlechtern sollte:

ja ☐* nein ☐* * Zutreffendes ankreuzen

____
(Ort, Datum, Unterschrift des/der Erklärenden)

Bezeugung:

Die Unterschrift des/der diese Verfügung Erklärenden bezeuge ich. Es sind mir keine Anzeichen bekannt, die die Willensfähigkeit des/der Erklärenden in Zweifel ziehen könnten. Ich bin mit dem/der Erklärenden weder verwandt noch verschwägert und komme als Erbe nicht in Betracht.

____
(Name, Institution, Ort, Datum, Unterschrift des/der Bezeugenden)

(Zur Rechtsgültigkeit eines solchen Dokumentes ist eine Bezeugung nicht erforderlich. Sie ist für Fälle der Mißachtung eine zusätzliche Sicherheit.)

Abb. 2: Freitod – Verfügung

Freitod-Verfügung

C

(Formblatt C der Deutschen Gesellschaft für Humanes Sterben (DGHS) e. V., Postfach 110529, 8900 Augsburg, Telefon 0821/36128)

Personalien

Vor und Zuname Muster ______________________

Geburtsdatum ______________________

Anschrift ______________________
(Straße, PLZ., Ort, Tel.-Nr.)

____
(Krankenkasse mit zuständiger Geschäftsstelle)

Ich mache von meinem Recht Gebrauch, den Zeitpunkt meines Todes selbst zu bestimmen.

Nach § 226 a StGB entfällt mit dieser Erklärung die Rechtsgrundlage für jeden medizinischen Eingriff.

Sollten solche Maßnahmen dennoch stattfinden, so stellen sie
a) den Straftatbestand der Körperverletzung (§ 226 a StGB) und
b) der Nötigung (§ 240 StGB) dar.

Ich bin Mitglied der Deutschen Gesellschaft für Humanes Sterben (DGHS).

Die DGHS ist unverzüglich über das Einleiten von medizinischen Maßnahmen zu unterrichten.

Die Deutsche Gesellschaft für Humanes Sterben (DGHS) beauftrage ich mit der Wahrnehmung meiner Interessen für den Fall, daß ich dazu nicht mehr in der Lage sein sollte.*

Ich habe diese Verfügung nach sorgfältigen Erwägungen getroffen.

____
Ort, Datum, Unterschrift

Bezeugung:

Die Unterschrift des/der diese Verfügung Erklärenden bezeuge ich. Es sind mir keine Anzeichen bekannt, die die Willensfähigkeit des/der Erklärenden in Zweifel ziehen könnten. Ich bin mit dem/der Erklärenden weder verwandt noch verschwägert und komme als Erbe nicht in Betracht.

Bezeugung ______________________
(Name, Institution, Ort, Datum, Unterschrift)

(Zur Rechtsgültigkeit eines solchen Dokumentes ist eine Bezeugung nicht erforderlich. Sie ist für Fälle der Mißachtung eine zusätzliche Sicherheit).

Ich habe heute meinen Freitod eingeleitet:

____
(Ort, Datum, Unterschrift)

* Die Deutsche Gesellschaft für Humanes Sterben (DGHS) e.V. ist um einen Schutz des hier erklärten Willens nur dann bemüht, wenn zwischen der Unterzeichnung dieser Verfügung und der Durchführung des Freitodes mindestens 1 Jahr vergangen ist.

In der Darstellung der Euthanasiediskussion wird über einen Problemkreis gehandelt, der seit einiger Zeit im Blickpunkt der Medien steht.

In den USA werden periodisch Zahlen aus Repräsentativbefragungen zu diesem Komplex veröffentlicht. Danach stieg die Zahl der Befürworter einer aktiven Sterbehilfe bei unheilbarer Krankheit in den USA zwischen 1950 und 1973 von 40% auf 57%, und die Zahl derer, die dem unheilbar Kranken das Recht absprachen, sich das Leben zu nehmen, sank zwischen 1977 und 1982 von 61 auf 53%.[275]

Immer wieder erscheinen ausführliche Berichte über Gerichtsprozesse, durch die auch der Spielraum für Selbsttötung und aktive Sterbehilfe ausgelotet wird. Anfang 1984 erhielt ein 85jähriger depressiver Greis von einem Richter in Syracuse/N.Y. das Recht zugesprochen, sich zu Tode zu hungern. Der 26jährigen, schwer behinderten Elizabeth Bouvia wurde etwa zur gleichen Zeit dieses Recht von einem kalifornischen Gericht nicht zugestanden; sie wurde zwangsernährt. Ebenfalls Anfang 1984 wurde in der Öffentlichkeit das Urteil des Obersten Gerichtshofes der USA diskutiert, der sich geweigert hatte, die Operation eines Säuglings mit offenem Rückenmark und sonstigen Schädigungen anzuordnen. Die Eltern des unter dem Decknamen „Baby Jane Doe" bekannntgewordenen Kindes hatten sich gegen die lebensverlängernde Maßnahme ausgesprochen. In der Bundesrepublik Deutschland wurde der Arzt Dr. Herbert Wittig im Herbst 1983 vom Landgericht Krefeld und Mitte 1984 vom Bundesgerichtshof freigesprochen, obwohl er dem Wunsch einer Patientin stattgegeben und nach dem von ihr eingeleiteten Freitod keine Wiederbelebungsmaßnahmen versucht hatte. Weitere Prozesse sind zu erwarten, so u.a. gegen Prof. Julius Hackethal, der im April 1984 einer Krebskranken auf ihr Verlangen eine tödliche Dosis Zyankali zugänglich gemacht hatte.

Durch die aufgeführten Gerichtsverfahren und die öffentliche Reaktion auf diese wird m.E. die Richtung einer zukünftigen Entwicklung in der Euthanasiefrage deutlich, wie unterschiedlich auch die Urteile im einzelnen ausfallen mögen. Die Euthanasie wird sich letztlich durchsetzen. Hier dürfte neben den lebensverlängernden Fortschritten der Medizin und ihren schrecklichen Nebenfolgen wieder einmal das Moment der Hochschätzung des Individuums und seiner Selbstbestimmung durchschlagend wirken[276]. Die Euthanasiediskussion steht so in einer geistigen Strömung, die in der Renaissance begann, in der Romantik einen ersten Höhepunkt erreichte, in die politische Philosophie übergriff und heute ungebrochen weiterlebt. Einer der vehementesten Befürworter der Euthanasie argumentiert mit dem „‚absoluten Wert der menschlichen Persönlichkeit' "[277]. Der Niederländer Paul Sporken, der sich intensiv mit der Betreuung von Sterbenden beschäftigt hat (vgl. 1.4.4.3), versucht als katholischer Theologe die Möglichkeit der Euthanasie, so weit es nur geht, zu vermeiden. Er interpretiert z.B. für manche Fälle den Wunsch nach aktiver Sterbehilfe als den Ruf nach besserer Pflege und intensiverem menschlichem Beistand.[278] Aber selbst er gesteht für extreme Situationen Euthanasie zu und argumentiert: „Die *Mündigkeit* und die wirklichen Belange des Patienten bilden in der Tat die Grundnorm des ethischen Handelns"[279]

Wenn die oben gestellte Prognose in Erfüllung gehen sollte, dann ist zu wünschen, daß Euthanasie ultima ratio bleibt und allein vom sterbenden Individuum entschieden wird. Was würde noch Liebe zwischen Eltern und Kindern, Vertrauen zwischen Arzt und Patient bedeuten, wenn ein Kranker befürchten müßte, hinter seinem Rükken würde von den Angehörigen oder dem Arzt sein Tod beschlossen?

1.8.2.3 Happy Death Movement

Eine soziale Bewegung ist eine massenhafte Reaktion auf bestimmte, als gravierend empfundene Probleme, ohne daß dies zu organisatorischen Strukturen mit eindeutigen Führungspositionen und Mitgliedschaften führen muß.[280] Beispiele für moderne soziale Bewegungen sind die Frauenbewegung und die Friedensbewegung. Nach Ansicht verschiedener Autoren gibt es auch eine soziale Bewegung, die sich für ein verändertes Bewußtsein gegenüber dem Sterben einsetzt. Lyn H. Lofland nennt sie, eher ironisch, „Happy Death Movement“[281]. Robert J. Kastenbaum, der sich mit ihren Zielen identifiziert, bezeichnet sie als „death awareness movement“[282].

Dieser Bewegung werden Autoren, die weit verbreitete Bücher über Sterben geschrieben haben, sowie große Teile ihrer Leserschaft zugerechnet; ferner: die Initiatoren und Teilnehmer an Symposien über Probleme des Sterbens; die Leiter und Besucher von Kursen, die beim einzelnen ein tiefes Bewußtsein seiner Sterblichkeit wecken wollen; Gesprächsgruppen, die die Trauerphase begleiten, oder auch Kreise, die sich für die Legalisierung der Euthanasie einsetzen. Es wird Todeserziehung („death education“) in Schulen, Hochschulen und Institutionen der Erwachsenenbildung propagiert und praktiziert.[283] Schon diese Arbeitsweisen legen nahe, daß die Bewegung vor allem von Personen mit gehobener Bildung getragen wird. Stark engagiert sind sog. Sozialberufe, Psychologen, Ärzte und Geistliche.

Wichtiger als die konkreten Beiträge der Mitglieder und Gruppen sind für den Zusammenhalt innerhalb der Bewegung Vorstellungen, die Lofland als Ideologie der Bewegung bezeichnet[284]. Diese Grundvorstellungen sind hier wie in anderen Fällen das eigentliche Fundament der sozialen Bewegung. Lofland glaubt, drei Grundzüge in dieser Ideologie feststellen zu können.

Als erstes wird Unsterblichkeit genannt. Es geht dabei weniger um konfessionsspezifische Auffassungen, sondern um die intuitiv gewonnene Einsicht, daß es nach dem Tod „weitergeht“. Der Literatur über Erlebnisse von Personen, die nach deutlichen Anzeichen eines medizinischen Todes wieder in das Leben zurückgeholt wurden, kommt in diesem Zusammenhang Bedeutung zu. Ein Beispiel hierfür ist Raymond A. Moodys Buch „Leben nach dem Tod“, das ein Bestseller wurde.[285]

Schon die Komponente „Unsterblichkeit“ enthält eine positive Bewertung des Todes. Davon zu unterscheiden ist ein Faktor in der Ideologie, den Lofland als Positivität („positivity“[286]) bezeichnet. Sie meint damit die Vorstellung, der Tod sei ein bereicherndes Erlebnis, das kreativ zu gestalten sei. Tod und Trauer böten die Möglichkeit der Selbstentfaltung, ja der Erfüllung. Zwei Stellen, die Lofland aus entsprechenden Schriften zitiert, sollen dies verdeutlichen.

> „Der Tod repräsentiert nicht Zerstörung, das Böse, Bedeutungslosigkeit, Vergessenheit oder die dunklen Mächte des Menschen. Er ist die Quintessenz dessen, was sich der Mensch immer am meisten gewünscht hat und was der Hauptfaktor seiner Motivation im Leben war, nämlich die Suche nach und die Wiederholung von spontanen Vereinigungserlebnissen, die ihm sporadisch und zufällig während seines Lebens und seiner Existenz widerfuhren. Er ist die letzte, endgültige und ewige Erfahrung der Einheit.“[287]

> „Die Erfahrung der Trauerarbeit ist schwierig, langwierig und ermüdend, aber auch bereichernd und erfüllend. Die eindrucksvollsten Menschen, die wir kennengelernt haben, waren solche, die Niederlage, Leiden, Kampf und Verlust durchgemacht haben. Diese Personen haben eine Empfänglichkeit, eine Sensibilität und ein Verständnis des Lebens, die sie mit Mitgefühl, Sanftmut und tiefer Liebe erfüllen.“[288]

Auch die dritte Komponente „expressivity“[289] läßt sich wie „positivity“ schlecht in das Deutsche übersetzen. Gemeint ist damit, daß alles, was beim Tod gefühlt wird, auch ausgedrückt, eingeübt werden. Die Vorstellung einer ver-Bedeutung für Gesprächsgruppen, die eine Organisations- und Aktionsform innerhalb der Happy Death Movement darstellen. Dort soll u.a. auch die Fähigkeit, die Gefühle auszudrücken, eingeübt werden. Die Vorstellung einer verzögerten oder verhinderten Trauer (vgl. 3.5) geht u.a. von der Annahme aus, ein Verlust sei durch möglichst ungehemmten Ausdruck der Gefühle am ehesten zu bewältigen.

Die Happy Death Movement, die bei Lofland mit ironischen Untertönen dargestellt ist, kann nicht ganz eindeutig gewertet werden. Die von ihr ausgehenden Initiativen haben sicherlich vielen Menschen geholfen. Es bleibt aber zu fragen, ob eine zu positive Sicht des Todes nicht in bestimmten Ernstfällen zusätzlich sehr belastende Enttäuschungserlebnisse („Es ist *doch* schrecklich") oder gar das Gefühl, ein Versager zu sein („Warum gelingt es mir nicht, so etwas wie ‚Selbstverwirklichung' zu erleben?") hervorruft. Viele, die zu den prägenden Figuren in der Happy Death Movement gerechnet werden müssen, wollten mit ihren Darstellungen und Appellen dem „Tabu" oder der „Verdrängung" des Todes entgegenwirken.[290] Und hier kommt der Verdacht auf, ob nicht eine Perspektive, die die möglichen Schrecken des Todes zu blaß erscheinen läßt, eine sehr subtile Form der Verweigerung sein kann, das Faktum „Tod" in seiner ganzen Tragweite zu akzeptieren.

Anmerkungen zu Kapitel 1:

Zitate aus fremdsprachigen Schriften wurden, soweit nicht ausdrücklich etwas anderes angegeben ist, vom Autor dieses Buches in das Deutsche übersetzt.

1 Vgl. dazu etwa Paul Sporken, Sterbebeistand: Aufgabe und Ohnmacht, in: Ernst Engelke u.a. (Hrsg.), Sterbebeistand bei Kindern und Erwachsenen, 1979, S. 33
2 Vgl. Jürgen Bereiter-Hahn, Biologische Aspekte des Begriffes „Tod", in: Rabanus Maurus-Akademie (Hrsg.), Stichwort: Tod, 1979, S. 12
3 Vgl. Robert J. Kastenbaum, Death, Society, and Human Experience, 1977, S. 156ff. Kastenbaum, der zusätzlich noch andere Definitionen diskutiert, nennt die hier aufgegriffenen „pragmatic definitions" (ebd., S. 156). Ähnliche Kategorien schlägt auch Kalish vor; vgl. Richard A. Kalish, Death, Grief, and Caring Relationships, 1981, S. 29
4 Lyn H. Lofland, The Craft of Dying, 2. Aufl. 1981, S. 47
5 Vgl. dazu auch David Sudnow, Organisiertes Sterben, 1973, S. 160f.
6 Ebd., S. 88
7 Vgl. dazu das drastische Beispiel ebd., S. 132f.
8 Vgl. ebd., S. 129f.
9 Ebd., S. 136
10 Ebd., S. 14 (Sperrung von Sudnow)
11 Vgl. dazu ebd., S. 96ff.
12 Barney G. Glaser and Anselm L. Strauss, Time for Dying, 2. Aufl. 1974[a], bes. S. 30ff.
13 Ebd., S. 97ff., 120ff. sowie S. 56ff. bzw. S. 75ff.
14 Eine Ausnahme bildet auf jeden Fall die Subkategorie „will-probably-die-type" des Typs „expected quick trajectory". In diesem Fall beschränkt sich die ärztliche Versorgung darauf, dem Sterbenden seine Situation erträglich zu machen. Vgl. ebd., S. 101
15 Lothar Witzel, Das Verhalten Sterbender, in: Wilhelm Bitter (Hrsg.), Alter und Tod – annehmen oder verdrängen?, 1974, S. 89
16 Philippe Ariès, Geschichte des Todes, 1980, S. 14
17 Quelle: Statistisches Bundesamt (Hrsg.), Statistisches Jahrbuch 1980 für die Bundesrepublik Deutschland, 1980, S. 366
18 Quelle: Statistisches Bundesamt (Hrsg.), Statistisches Jahrbuch 1982 für die Bundesrepublik Deutschland, 1982, S. 382
19 Ein erschütternder Bericht über das lange Sterben nach einem Infarkt ist: Rudolf Kautzky (Hrsg.), Sterben im Krankenhaus, 1976
20 Quelle: Monroe Lerner, When, Why, and Where People Die, in: Edwin S. Shneidman (Hrsg.), Death, 1976, S. 147
21 Vgl. ebd., S. 148
22 Quelle: Eike Ballerstedt und Wolfgang Glatzer, Soziologischer Almanach, 1975, S. 108
23 Vgl. Lerner, S. 149
24 Vgl. ebd., S. 148f.
25 Arthur E. Imhof, Die gewonnenen Jahre, 1981, S. 220

26 Vgl. ebd., S. 221ff.
27 Zu den Bedingungen für ein langes Sterben vgl. Lofland, S. 18
28 Vgl. ebd., S. 20
29 Vgl. ebd., S. 19f.
30 Eliot Slater, Wandlung der ethischen Auffassung über Euthanasie in England, in: Wilhelm Bitter (Hrsg.), Alter und Tod – annehmen oder verdrängen?, 1974, S. 139
31 Zum Begriff der Lebenserwartung und den in diesem Abschnitt genannten Zahlen (mit Ausnahme der durch weitere Literaturangaben gekennzeichneten Daten) vgl. Victor W. Marshall, Last Chapters, 1980, S. 8ff.
32 Vgl. Lerner, S. 141
33 Vgl. Imhof, S. 81
34 Vgl. François Lebrun, Les hommes et la mort en Anjou aux XVIIe et XVIIIe siècles, 1971, S. 179 ff.
35 Vgl. Imhof, S. 103
36 Errechnet nach: Statistisches Bundesamt (Hrsg.), 1982, S. 73
37 Errechnet nach: ebd., S. 74
38 David Riesman, Die einsame Masse, 1958, z.B. S. 24
39 Errechnet nach: Statistisches Bundesamt (Hrsg.), 1982, S. 73
40 Vgl. Imhof, S. 145ff.
41 Vgl. ebd., S. 111
42 Vgl. ebd., S. 112
43 Vgl. ebd.
44 Vgl. ebd., S. 110f.
45 Vgl. Kastenbaum, S. 144
46 Lerner, S. 153
47 U. Keil u.a., Soziale Gegebenheiten als Gesundheitsrisiko, in: Bundesgesundheitsblatt 17 (1974), S. 385 - 390
48 G. Neumann und A. Liedermann, Mortalität und Sozialschicht, in: Bundesgesundheitsblatt 24 (1981), S. 173 - 181
49 Calvin Goldscheider, Population, Modernization, and Social Structure, 1971, S. 102
50 Ebd., S. 114
51 Vgl. ebd., S. 115
52 Vgl. ebd., S. 117
53 Alois Hahn, Einstellungen zum Tod und ihre soziale Bedingtheit, 1968, S. 34
54 Affektiv versus affektiv neutral ist das erste der fünf pattern variables, die Talcott Parsons zur grundlegenden Unterscheidung von Verhaltensformen vorgeschlagen hat. Vgl. Talcott Parsons, The Social System, 1951, S. 60
55 Vgl. dazu die Darstellung bei Georg Schwägler, Soziologie der Familie, 2. Aufl. 1975, S. 66
56 Vgl. dazu ebd., S. 136ff.
57 Vgl. Hahn, S. 23
58 Vgl. ebd., S. 22. Ähnlich sind die Beobachtungen von Gorer. Vgl. Geoffrey Gorer, Die Pornographie des Todes, in: Der Monat 8 (1956), Heft 92, S. 60
59 Vgl. Richard A. Kalish und David K. Reynolds, Death and Ethnicity, 1976, S. 26

60 Vgl. Geoffrey Gorer, Death, Grief, and Mourning, 2. Aufl. 1977, S. 1
61 Daß in Gewohnheiten und Riten eingebettetes Sterben nicht unbedingt leichter sein muß, will Victor W. Marshall in einer vergleichenden Untersuchung von Wohnheimen für alte Menschen aufweisen. Vgl. Victor W. Marshall, Organizational Features of Terminal Status Passage in Residential Facilities for the Aged, in: Lyn H. Lofland (Hrsg.), Toward a Sociology of Death and Dying, 2. Aufl. 1977, S. 115 – 134, bes. S. 131
62 Vgl. John Okoro, Über die Einstellung zum Tod, 1981, z.B. S. 122,138
63 Vgl. ebd., z.B. S. 70ff.
64 Werner Fuchs, Todesbilder in der modernen Gesellschaft, 1969, S. 8
65 Max Scheler, Tod und Fortleben, in: Ders., Schriften aus dem Nachlass, Bd. I, hrsg. von Maria Scheler, 2. Aufl. 1957, S. 27 (z.T. bei Scheler Sperrung)
66 Ebd., S. 28ff. (z.T. bei Scheler Sperrung)
67 Vgl. Fuchs, S. 8ff.
68 Vgl. Gorer 1956
69 Vgl. Norbert Elias, Über den Prozeß der Zivilisation, 2 Bände, 2. Aufl. 1969
70 Norbert Elias, Über die Einsamkeit der Sterbenden in unseren Tagen, 1982, S. 22
71 Ebd., S. 39
72 Vgl. Eugen Rosenstock-Huessy, Soziologie, Bd. I, 1956, S. 215 sowie Christian v. Ferber, Soziologische Aspekte des Tode, in: Zeitschrift für evangelische Ethik 7 (1963), S. 343f.
73 Jean Ziegler, Die Lebenden und der Tod, 1977, S. 12
74 Ebd., S. 16
75 Ebd., S. 42
76 Ebd., S. 67
77 Alois Hahn, Tod und Individualität, in: Kölner Zeitschrift für Soziologie und Sozialpsychologie 31 (1979), S. 751
78 Vgl. dazu Carol Taylor, The Funeral Industry, in: Hannelore Wass (Hrsg.), Dying, 1979, S. 376
79 Vgl. Hahn 1968, S. 44
80 Vgl. Kalish, S. 193
81 Vgl. Marshall 1980, S. 135f.
82 Vgl. ebd., S. 135
83 Obwohl das etwa von Okoro oder Gorer behauptet wird. Vgl. Okoro, S. 71 oder Gorer 1956, S. 60
84 Vgl. Hahn 1968, S. 69f.
85 Vgl. Kalish und Reynolds, S. 130
86 Ziegler, S. 50
87 Vgl. Hahn 1968, S. 41
88 Vgl. ebd.
89 Joachim Wittkowski, Tod und Sterben, 1978, S. 125f. (Bei Wittkowski Sperrung)
90 Vgl. Richard G. Dumont and Dennis C. Foss, The American Way of Death: Acceptance or Denial?, 1972, bes. S. 95ff.
91 Vgl. dazu auch Carla Gottlieb, Modern Art and Death, in: Herman Feifel

(Hrsg.), The Meaning of Death, 1959, S. 160ff.
92 S. G. F. Brandon, History, Time and Deity, 1965, S. 44
93 S. G. F. Brandon, The Deification of Time, in: J. T. Fraser (Hrsg.), The Study of Time, 1972, S. 379
94 J. Scheftelowitz, Die Zeit als Schicksalsgottheit in der indischen und iranischen Religion, 1929, S. 30
95 Charles A. Corr, Living with the Changing Face of Death, in: Hannelore Wass (Hrsg.), Dying, 1979, S. 65 (bei Corr z.T. Sperrung)
96 Oft zitiert in amerikanischen Schriften über Tod
97 Vgl. Avery D. Weisman, On Dying and Denying, 2. Aufl. 1978
98 Rainer Maria Rilke, Die Aufzeichnungen des Malte Laurids Brigge, in: Sämtliche Werke, hrsg. vom Rilke-Archiv, Bd. 6, 1966, S. 713f.
99 Vgl. Ernst Engelke, Situation und Umfeld für Sterbebeistand heute, in: Ders. u.a. (Hrsg.), Sterbebeistand bei Kindern und Erwachsenen, 1979, S. 23f.
100 Vgl. Kalish und Reynolds, S. 44
101 Vgl. dazu etwa: Sekretariat der Deutschen Bischofskonferenz (Hrsg.), Menschenwürdig sterben und christlich sterben, 1978, S. 9ff.
102 Vgl. John Hinton, Dying, 2. Aufl. 1972, S. 151
103 Elisabeth Kübler-Ross, Interviews mit Sterbenden, gek. TB-Ausgabe, 4. Aufl. 1975, S. 11. Diesen Hinweis verdanke ich Lofland. Vgl. Lofland, S. 90. Vgl. auch ebd., S. 23f. Dort ist ein Bericht über Sterben auf Tahiti abgedruckt. Daraus kann entnommen werden, daß in dieser familienzentrierten Naturvolkgesellschaft zwar der Sterbende die letzten Stunden bei seiner Familie verbringt, daß man aber nur wenig Rücksicht auf ihn nimmt.
104 Kübler-Ross, S. 11
105 Edward Shorter, Die Geburt der modernen Familie, 1977, S. 76
106 Vgl. Christoph Schmeling u.a., Sterben im Krankenhaus, in: Medizin – Mensch – Gesellschaft 7 (1982), S. 141
107 Ephrem Else Lau, Tod im Krankenhaus, 1975, S. 32
108 Zu Problemen des Sterberaums in deutschen Kliniken vgl. ebd., S. 76f.
109 Darmstädter Echo, Nov. 1982
110 Vgl. Bernard Schoenberg and Arthur C. Carr, Educating the Health Professional in the Psychosocial Process of the Terminally Ill, in: Bernard Schoenberg u.a. (Hrsg.), Psychosocial Aspects of Terminal Care, 1972, S. 4ff.
111 Vgl. ebd., S. 8
112 Vgl. dazu Peter Reinicke, Sterbebeistand: Eine Aufgabe des Sozialarbeiters, in: Medizin – Mensch – Gesellschaft 8 (1983), S. 253
113 Eine subtile Darstellung der Probleme des Arztes bei der Betreuung Sterbender und der möglichen Lösungen, die über das in diesem Abschnitt Referierte hinausreicht, hat Weisman vorgelegt. Vgl. Weisman, S. 200ff.
114 Vgl. Sudnow, S. 46 sowie (für deutsche Verhältnisse) Thure von Uexküll, Kommentar zur Übertragbarkeit der Beobachtungen David Sudnows, in: Sudnow, S. 236
115 Gernot Huppmann und Angela Werner, Sterben in der Institution: psychologische Aspekte, in: Medizin – Mensch – Gesellschaft 7 (1982), S. 157f.

116 Regine Lockot und Hans-Peter Rosemaier, Hinweise auf empirische Forschungsergebnisse, in: Dies. (Hrsg.), Ärztliches Handeln und Intimität, 1983, S. 199
117 Robert H. Coombs and Pauline S. Powers, Socialization for Death: The Physician's Role, in: Lyn H. Lofland (Hrsg.), Toward a Sociology of Death and Dying, 2. Aufl. 1977, S. 15 - 36
118 Vgl. Paul Ridder, Tod und Technik: Sozialer Wandel in der Medizin, in: Soziale Welt 34 (1983), S. 115
119 Lau, S. 58
120 Zur Trauer um Patienten vgl. ebd., S. 64
121 Bruce H. Axelrod, The chronic care specialist: „but who supports us?", in: Olle Jane Z. Sahler (Hrsg.), The Child and Death, 1978, S. 139 - 150
122 Vgl. dazu und zu den im folgenden genannten Aktivitäten C. Murray Parkes, Evaluation of Family Care in Terminal Illness, in: Elizabeth R. Prichard u.a. (Hrsg.), Social Work with the Dying Patient and the Family, 1977, S. 58
123 Vgl. Sudnow, S. 111
124 Vgl. Barney G. Glaser und Anselm L. Strauss, Interaktion mit Sterbenden, 1974(b), S. 26, 142ff.
125 Vgl. Lofland, S. 49
126 Vgl. Ariès, S. 14 sowie 24ff.
127 Ich beziehe mich im folgenden auf die vier Bewußtheitskontexte nach Glaser und Strauss, auf die unter 1.5 detailliert eingegangen wird.
128 Glaser und Strauss 1974 (b), S. 82. Einen detaillierten Katalog des „richtigen" Verhaltens Sterbender hat Kastenbaum zusammengestellt. Vgl. Kastenbaum, S. 219
129 Vgl. Sudnow, S. 111 und 115 sowie die bei Paul Sporken, Menschlich sterben, 1972, S. 60 referierte Untersuchung von Leshan.
130 Lau, S. 57
131 Vgl. Glaser und Strauss 1974 (b), S. 159
132 Vgl. Gorer 1977, S. 5
133 Vgl. dazu Marshall 1980, S. 147
134 Engelke, S. 26
135 Der Begriff der totalen Institution wurde von E. Goffman geprägt. Zur Übertragung des Begriffs auf das Krankenhaus vgl. Lau, S. 41 f.
136 Vgl. Engelke, S. 27
137 Ebd., S. 26f.
138 Vgl. Paul Sporken, Hast du denn bejaht, daß ich sterben muß?, 1981, S. 53
139 Vgl. Hinton, S. 133
140 Vgl. ebd., S. 75f.
141 Vgl. ebd., S. 152f. McNulty macht allerdings zu Recht darauf aufmerksam, daß nicht allein die Ausstattung einer Wohnung den Ausschlag für den Ort der Pflege geben darf. Vgl. Barbara McNulty, Home Care for the Terminal Patient and His Family, in: Elizabeth R. Prichard u.a. (Hrsg.), Social Work with the Dying Patient and the Family, 1977, S. 174
142 Vgl. zum folgenden Ida M. Martison, Alternative environment for care of the dying child: hospital or home, in: Olle Jane Z. Sahler (Hrsg.), The Child and Death, 1978, S. 86f.

143 Vgl. zum folgenden einen Bericht der Gründerin von St. Christopher's Cicely Saunders, St. Christopher's Hospice, In: Edwin S. Shneidman (Hrsg.), Death, 1976, S. 516 - 523 sowie Parkes, bes. S. 55ff.
144 Einen Überblick über Sterbekliniken in den USA und Kanada bietet Kastenbaum S. 228ff.
145 Vgl. Engelke, S. 23
146 Parkes, S. 56 (Bei Parkes Sperrung)
147 Sporken 1981, S. 54
148 Vgl. z.B. Sporken 1972, 1979, 1981 sowie Umgang mit Sterbenden, 1973
149 Sporken 1979, S. 31 (Sperrung von mir, G. S.)
150 Ebd. (Sperrung von mir, G. S.)
151 Vgl. Sporken 1972, S. 49ff.
152 Vgl. Samuel L. Feder, Attitudes of Patients with Advanced Malignancy, in: Edwin S. Shneidman (Hrsg.), Death, 1976, S. 431
153 Vgl. Franco Rest, Den Sterbenden beistehen, 1981, S. 23
154 Ebd., S. 38 (Sperrung von mir, G. S.)
155 Ebd., S. 39 (Sperrung von mir, G. S.)
156 Vgl. hierzu die Übersicht bei Sporken, 1973, S. 16ff.
157 Beispiele für gelungene und mißlungene Gespräche bietet Sporken, 1981
158 Vgl. Josef Mayer-Scheu, Bedingungen einer Sterbenshilfe im Krankenhaus, in: Wilhelm Bitter (Hrsg.), Alter und Tod – annehmen oder verdrängen?, 1974, S. 66
159 Vgl. Schoenberg und Carr, S. 10
160 Sporken 1979, S. 31 (Sperrung von mir, G.S.). Zu den Möglichkeiten der Schmerzbekämpfung, die weit mehr umfassen als die Verabreichung von Medikamenten (z.B. chirugische Maßnahmen) vgl. Hinton, S. 111ff.
161 Kritik an der Ausschöpfung der Möglichkeiten in der Bundesrepublik Deutschland übt Rest. Vgl. Rest, S. 67
162 Über Grenzen der Schmerzbekämpfung vgl. Hinton, S. 69ff.
163 Vgl. ebd., S. 74
164 Sporken 1979, S. 31 (Sperrung von mir, G. S.)
165 Vgl. Sporken 1972, S. 47
166 Vgl. dazu Sporken 1981, S. 43f.
167 Vgl. Stanislav Grof und Joan Hilifax, Die Begegnung mit dem Tod, 1980
168 Sporken 1979, S. 31 (Sperrung von mir, G. S.)
169 Vgl. etwa Mayer-Scheu, S. 59 - 70. Hingewiesen werden muß nochmals auf die Schriften von Paul Sporken; Sporken ist Theologe und in der Fortbildung, bes. von Seelsorgen, tätig.
170 Als Beispiel für sehr viele sollen die Beiträge von Allan W. Reed, Anticipatory Grief Work und Thomas Nolan, Ritual and Therapy in: Bernard Schoenberg u.a. (Hrsg.), Anticipatory Grief, 1974, S. 346 - 357 bzw. 358 - 364 genannt werden.
171 Silvia Poss spricht regelmäßig von „she" and „her" im Zusammenhang mit Sozialarbeit. Vgl. z.B. Silvia Poss, Towards Death with Dignity, 1981, S. 48
172 Neben der Schrift von Poss ist zu nennen: Elizabeth Prichard u.a. (Hrsg.), Social Work with the Dying Patient and the Family, 1977

173 Die folgenden Darlegungen beziehen sich vor allem auf das von Poss vorgelegte Programm. Vgl. dazu auch die Übersicht ebd., S. 6f.
174 Vgl. Kalish, S. 283
175 Vgl. Poss, S. 85f.
176 Die Darlegungen in diesem Absatz fußen auf: Reinicke
177 Vgl. John Hinton, Approaching Death, in: Oscar Hill (Hrsg.), Modern Trends in Psychosomatic Medicine, 1976, S. 476
178 Vgl. Irving Kenneth Zola, Culture and Symptoms, in: American Sociological Review 31 (1966), S. 615 - 630
179 Glaser und Strauss 1974 (b), S. 16f. (Sperrung durch Glaser und Strauss)
180 Ebd., S. 32; Nennung der anderen drei Bewußtheitskontexte jeweils ebd., S. 48, 63, 76
181 Barney G. Glaser and Anselm L. Strauss, Awareness of Dying, 9. Aufl. 1979, S. 29; Nennung der anderen drei Bewußtheitskontexte jeweils ebd., S. 47, 64, 79
182 Glaser und Strauss 1974 (b), S. 99
183 Vgl. Huppmann und Werner, S. 160
184 Ebd.
185 Über weitere Elemente der „Ideologie", mit der die Distanz zum Patienten gerechtfertigt wird, vgl. Weisman, S. 29
186 Vgl. Uwe Koch und Christoph Schmeling, Ausbildung für den Umgang mit Sterbenden, in: Ernst Engelke u.a. (Hrsg), Sterbebeistand bei Kindern und Erwachsenen, 1979, S. 132
187 Vgl. dazu das Beispiel bei Eric J. Cassell, Telling the Truth to the Dying Patient, in: Jean Taché u.a. (Hrsg.), Cancer, Stress, and Death, 1979, S. 123
188 Donald Oken: What to Tell Cancer Patients: A Study of Medical Attitudes, in: Robert F. Weir (Hrsg.), Ethical Issues in Death and Dying, 1977, S. 15
189 Vgl. Schoenberg und Carr, S. 11
190 Dieter Menninger, Belügt uns nicht!, 1978. Diese Kritik am Titel bedeutet keine negative Wertung des gesamten Reportagebandes, der Einsichten in das Leben Behinderter und Kranker vermittelt, über Initiativen dieser Personenkreise informiert und zudem einen umfassenden Adressenteil enthält.
191 Zu solchen in den USA bereits erprobten Gesprächsgruppen vgl. Phyllis Mervis, Talking about the Unmentionable: A Group Approach for Cancer Patients sowie Clelia P. Goodyear, Group Therapy with Advanced Cancer Patients: What are the Issues? beide in: Elizabeth R. Prichard u.a. (Hrsg.), Social Work with the Dying Patient and the Family, 1977, S. 233 - 241 bzw. 242 - 250
192 Anne-Marie Tausch, Gespräche gegen die Angst, 1981, S. 56
193 Ebd., S. 60. Von einer ähnlichen Reaktion berichten Köhle und Erath-Vogt. Vgl. Karl Köhle und Angelika Erath-Vogt, Die Integration des psychosomatischen Arbeitsansatzes in die klinische Medizin als Voraussetzung zur Institutionalisierung der klinischen Thanatologie, in: Ernst Engelke u.a. (Hrsg.), Sterbebeistand bei Kindern und Erwachsenen, 1979, S. 92

194 Eine sehr gute Darstellung der Voraussetzungen einer einfühlenden Kommunikation mit Sterbenden bieten Koch und Schmeling, S. 125 - 140
195 Ebd., S. 133. Gesprächsbeispiele finden sich bei Sporken 1981, S. 72ff.
196 Vgl. Parkes, S. 66
197 Vgl. dazu Kastenbaum, S. 175 sowie Edwin S. Shneidman, Death Work and Stages of Dying, in: Ders. (Hrsg.), Death, 1976 (a), S. 444 und vor allem Weisman, S. 168ff., der verschiedene Formen der Vorahnung („premonitions") unterscheidet.
198 Vgl. Hinton 1972, S. 97f.
199 Vgl. dazu und zum folgenden Sporken 1973, S. 56ff.
200 Reinicke, S. 249
201 Vgl. Tausch sowie Mary L. S. Vachon u.a., The Use of Group Meetings with Cancer Patients and Their Families, in: Jean Taché u.a. (Hrsg.), Cancer, Stress, and Death, 1979, S. 129 - 139
202 Michel Vovelle, Mourir autrefois, 1974, S. 85 (Übersetzung von Hahn 1979, S. 757)
203 Vgl. Cervantes, Don Quixote, 1958, S. 490
204 Alphonse Daudet, Lettres de mon moulin, 1951, S. 129
205 Vgl. Kübler-Ross, S. 16ff.
206 Vgl. Lofland, S. 10f.
207 Robert Kastenbaum, Do We Die in Stages?, in: Sandra Galdieri Wilcox und Marilyn Sutton (Hrsg.), Understanding Death and Dying, 2. Aufl. 1981, S. 111
208 Vgl. Kastenbaum 1977, S. 177. Eine Unterteilung der Sterbenden, die nicht selbst ihren Tod betreiben, nimmt Shneidman vor. Vgl. Edwin S. Shneidman, The Enemy, in: Sandra Galdieri Wilcox and Marilyn Sutton (Hrsg.), Understanding Death and Dying, 2. Aufl. 1981, S. 334f.
209 Vgl. Hinton 1972, S. 80
210 Vgl. z. B. Kübler-Ross, S. 77
211 Vgl. Wittkowski, S. 49
212 Vgl. Sporken 1974, S. 42
213 Vgl. Stephen V. Gullo u.a., Suggested Stages and Response Styles in Life-Threatening Illness: A Focus on the Cancer Patient, in: Bernard Schoenberg u.a. (Hrsg.), Anticipatory Grief, 1974, S. 66
214 Vgl. ebd., S. 66ff.
215 Vgl. Wittkowski, S. 163
216 Engelke, S. 20. Ähnlich auch Wittkowske, S. 50f. und Kastenbaum 1977, S. 211
217 Witzel berichtet allerdings über die Beobachtung der fünf Stadien im Sinne von Kübler-Ross bei Zuckerkranken. Vgl. Witzel, S. 89
218 Vgl. Hinton 1972, S. 66
219 Gottfried Benn, Lyrik, 3. Aufl. 1975, S. 24f.
220 Vgl. Weisman, S. 61 sowie S. 96
221 Ebd., S. 67
222 Vgl. ebd., S. 67ff.
223 Ebd., S. 98 (Bei Weisman Sperrung)
224 Ebd., S. 65
225 Ebd., S. 150

226 Entsprechend dem Vorschlag von Wittkowski wollen wir die Begriffe „Angst" und „Furcht" synonym verwenden. Vgl. Wittkowski, S. 56ff.
227 Vgl. Hahn 1968, S. 47f. sowie S. 34
228 Raymond A. Moody, Leben nach dem Tod, 1977
229 Johann Christoph Hampe, Sterben ist doch ganz anders, 1975
230 Eckart Wiesenhütter, Blick nach drüben, 4. Aufl. 1977
231 Vgl. Wittkowski, S. 114ff.
232 Vgl. ebd., S. 78 sowie Hahn 1968, S. 26ff.
233 Vgl. Hahn 1968, S. 26 sowie Warren Shibles, Death, 1974, S. 227. Allerdings spricht Shibles, ebd. vom begrenzten Wert („limited value") der Daten.
234 Vgl. Hahn 1968, S. 26 f.
235 Vgl. Wittkowski, S. 97
236 Vgl. Hannelore Wass, Death and the Elderly, in: Dies. (Hrsg.), Dying, 1979, S. 193

237 Vgl. Wittkowski, S. 79ff. sowie Dumont and Foss, S. 87
238 Wittkowski, S. 90 (Bei Wittkowski z. T. Sperrung)
239 Vgl. ebd., S. 93 ff.
240 Vgl. ebd., S. 93
241 Vgl. Michael A. Simpson, Social and Psychological Aspects of Dying, in: Hannelore Wass (Hrsg.), Dying, 1979, S. 127
242 Vgl. Okoro, S, 189
243 Vgl. dazu Kalish and Reynolds, S. 40f.
244 Vgl. Wittkowski, S. 111; den Wunsch ohne langes Leiden zu sterben, äußert auch die Mehrheit der Befragten bei Feifel; vgl. Herman Feifel, Attitudes towards Death in Some Normal and Mentally Ill Populations, in: Ders. (Hrsg.), The Meaning of Death, 1959, S. 119
245 Vgl. Wittkowski, S. 112; ähnlich auch die Ergebnisse bei Kalish and Reynolds, S. 57
246 Vgl. Marshall 1980, S. 170 ff.
247 Das war auch die am häufigsten geäußerte Angst in einer amerikanischen Untersuchung von 84 Patienten, die mehrheitlich an Krebs litten und über ihren Zustand Bescheid wußten. Vgl. Raymond G. Carey, Leben bis zum Tod, in: Elisabeth Kübler - Ross (Hrsg.), Reif werden zum Tode, 2. Aufl. 1982, S. 75
248 Ein Reflex der Hochschätzung des Aktivismus und der Nützlichkeit in modernen Gesellschaften zeigt sich in den beiden restlichen Antworttypen: Das Sterben ist Inaktivität und dem Verlust der Fähigkeit, nützlich zu sein, vorzuziehen.
249 Vgl. Die neue Weise vom Tod des Jedermann, in: Der Spiegel 31 (1977), Nr. 27, S. 158 - 166. Die Zustände auf den Intensivstationen werden angeklagt bei Kautzky (Hrsg.).
250 Nach: Engelke, S. 17
251 Vgl. Wittkowski, S. 17 f.
252 Vgl. Witzel, S. 92
253 Vgl. Reinhold Lindner und Dietrich Feist, Den Tod bekämpfen, in: Helmut Aichelin u.a., Tod und Sterben, 2. Aufl. 1979, S. 58 f.

254 Eines der seltenen Dokumente eines prominenten Geistlichen, in dem eine aktive Sterbehilfe als mit den christlichen Grundvorstellungen vereinbar dargestellt wird, stammt von dem ehemaligen Dekan der anglikanischen St. Paul's Cathedral in London, W. R. Matthews. Vgl. W. R. Matthews, Voluntary Euthanasia: The Ethical Aspect, in: Edwin S. Shneidman (Hrsg.), Death, 1979, S. 497 - 501

255 Vgl. dazu Hinton 1972, S. 142

256 Vgl. Witzel, S. 92

257 Vgl. James Rachels, Active and Passive Euthanasia, in: James B. Carse and Arlene B. Dallery (Hrsg.), Death and Society, 1977, S. 114

258 Joseph Fletcher, Ethics and Euthanasia, in: Robert F. Weir (Hrsg.), Ethical Issues in Death and Dying, 1977, S. 352

259 Vgl. Antony Flew, The Principle of Euthanasia, in: James B. Carse and Arlene B. Dallery (Hrsg.), Death and Society, 1977, S. 100

260 Vgl. Arthur J. Dyck, An Alternative to the Ethic of Euthanasia, in: Robert F. Weir (Hrsg.), Ethical Issues in Death and Dying, 1977, S. 295

261 Joseph Sanders, Euthanasia: None Dare Call It Murder, in: James P. Carse and Arlene B. Dallery (Hrsg.), Death and Society, 1977, S. 151 f.

262 Vgl. Daniel Maguire, Deciding for Yourself: The Objections, in: Robert F. Weir (Hrsg.), Ethical Issues in Death and Dying. 1977, S. 328 ff.

263 Vgl. Sanders, S. 151

264 Vgl. Maguire, S. 321

265 Vgl. Helge Hilding Mansson, Justifiying the Final Solution, in: Robert F. Weir (Hrsg.), Ethical Issues in Death and Dying, 1977, S. 308 - 319

266 Vgl. Robert F. Drinan, Should There Be a Legal Right to Die?, in: Robert F. Weir (Hrsg.), Ethical Issues in Death and Dying, 1977, S. 299 f.

267 Die Standesorganisation der Ärzte, American Medical Association, sprach sich allerdings 1973 gegen die Euthanasie aus. Vgl. Rachels, S. 113

268 Vgl. Robert F. Weir, Introduction, in: Ders. (Hrsg.), Ethical Issues in Death and Dying, 1977, S. XIX

269 Vgl. Barton E. Bernstein, Death and the Law, in: Hannelore Wass (Hrsg.), Dying, 1979, S. 302

270 Die Angaben über die „Deutsche Gesellschaft für Humanes Sterben" sowie Muster der Patientenverfügung und Freitod-Verfügung sind entnommen: Rosemarie Stein, „Wer mich behandelt, kommt vor den Kadi". Was will eigentlich die Deutsche Gesellschaft für Humanes Sterben?, in: Medical Tribune 17 (1982), Nr. 47, S. 24 und 27

271 Eine der ersten derartigen Gesellschaften war die 1938 gegründete ESA (Euthanasia Society of America). Vgl. dazu Drinan, S. 300

272 Vgl. dazu etwa: Erste Hilfe, in: Der Spiegel 36 (1982), Nr. 46, S. 256 - 258 und sehr kritisch: Rolf Degen, Schlafmittel für Lebensmüde, in: Psychologie heute 10 (1983), Nr. 6, S. 76 - 78

273 Claude Guillon und Yves Le Bonniec, Gebrauchsanleitung zum Selbstmord, 1982

274 Vgl. dazu etwa Paul Becker, Der Schritt zum Henker ist nicht weit, in: Rheinischer Merkur/Christ und Welt 37 (1981), Nr. 8, S. 25

275 Vgl. On Death and Dying, in: Public Opinion 5 (1983), Nr. 6, S. 39

276 Vgl. Robert M. Veatch, Death, Dying, and the Biological Revolution, 4.

Aufl. 1978, S. 17 sowie Bernhard Bron, Suizidalität und Freiheit, in: Medizin - Mensch - Gesellschaft 9 (1984), S. 51

277 Flew, S. 98

278 Vgl. Sporken 1972, S. 37, 83

279 Ebd., S. 42 (Sperrung von mir, G. S.)

280 Vgl. Lofland, S. 76

281 Ebd., S. 75

282 Kastenbaum 1977, S. 217

283 Vgl. ebd., S. 235

284 Vgl. Lofland, S. 87 ff.

285 Vgl. Fußn. 228

286 Lofland, S. 95

287 Ebd., S. 99

288 Ebd., S. 98

289 Ebd., S. 99

290 Vgl. ebd., S. 78

2. Der Tod im modernen Leben

Das Sterben endet mit dem Tod. Wann aber ist jemand gestorben; wann ist er tot? Und wie wird der Tod gesehen; ist er z.B. das absolute Ende, oder ist er Übergang? Diese beiden Fragenkreise sollen im folgenden vor allem erörtert werden. Sie stehen beide in engem Zusammenhang mit der kulturellen Gesamtsituation einer Gesellschaft.

2.1 Die Bestimmung des Todeseintritts

2.1.1 Traditionelle Probleme

„Der Schlaf ist der Bruder des Todes", sagt das Sprichwort. Ähnliches gilt für die Bewußtlosigkeit. Oft geht ein tiefes Koma dem Tod voran. Schon lange in der Geschichte können Menschen zwischen diesem Zustand und dem Tod unterscheiden.[1] Und seit dieser Zeit wollen sie wissen, ob der andere tot ist oder nur ohne Bewußtsein, ob er sein Leben beendet hat oder ob er noch einmal in das Leben zurückkehren wird, ob die Gesellschaft ein Mitglied verloren hat oder behält.

Bis in die neueste Zeit dienten zwei Indikatoren als Nachweis dafür, daß der Tod eingetreten ist: Aussetzen der Herztätigkeit und Aussetzen der Atmung. Gerade für die Prüfung des Atemvermögens waren verschiedene Techniken entwickelt worden. Es wurden Gewichte auf die Brust des vermeintlich Toten gelegt, ihm eine Feder vor die Nase oder ein Spiegel vor den Mund gehalten usw.

Diese Techniken waren nicht geeignet, den Tod in jedem Fall eindeutig zu bestimmen. So kam es immer wieder vor, daß für tot erklärte Menschen noch lebendig waren. Und bei Exhumationen konnte eindeutig festgestellt werden, daß man sog. Scheintote begraben hatte. Besonders bei Seuchen, wenn es auf eine schnelle Beseitigung von Leichen ankam, die als Quelle für die Gefährdung der Gesundheit von nicht durch die Epidemie Erfaßten betrachtet wurden, kam es nicht selten zum Begräbnis von Lebenden. Man nimmt das noch für das 17. und 18. Jahrhundert an.[2] Auch in der Gegenwart müssen immer wieder Fälle registriert werden, in denen Menschen für tot erklärt werden, die sich im nachhinein als lebendig erweisen. So wurde z.B. 1967 in der Presse ausführlich über einen amerikanischen Soldaten berichtet, der bei einer Explosion in Vietnam schwer verwundet wurde. Als er in das Lazarett gebracht worden war, bemühte man sich 45 Minuten um seine Wiederbelebung und erklärte ihn dann für tot. Seit dem amerikanischen Bürgerkrieg ist es üblich, daß gefallene Soldaten einbalsamiert werden. Diese Prozedur sollte auch an dem Soldaten vollzogen werden. Doch der Balsamierer entdeckte, daß der vermeintlich Tote noch lebte. Der Soldat wurde in die USA geflogen, wo er sich nach und nach erholte.[3]

Viel mehr als heute beschäftigten sich die Menschen im 18. und 19. Jahrhundert mit der Gefahr, lebendig begraben zu werden. Es wurden komplizierte Apparaturen entwickelt, die es einem fälschlich für tot Gehaltenen ermöglichen sollten, auf seinen Zustand aufmerksam zu machen. Auch die Medizin befaßte sich intensiv mit dieser Gefahr. So forderte etwa der Arzt Johann Peter Frank in der zweiten Hälfte des 18. Jahrhunderts die Leichenschau und einen Zeitraum von drei Tagen zwischen Tod und Beisetzung.[4] Aus dem Jahre 1769 stammt ein Erlaß der Kaiserin Maria Theresia, in dem vorgeschrieben ist, daß der Tod erst dann als sicher gelten darf, wenn ein Mensch durch Tabakrauch und Tabakklistiere nicht mehr erweckbar ist.[5] Es wurden zahlreiche Veröffentlichungen zu diesem Problem vorgelegt, und für Erfolge bei der sicheren Bestätigung des Todes wurden Preise verliehen. So erhielt 1892 der Mediziner Icard zwei Auszeichnungen für seine Entdeckung, daß bei der Injektion eines bestimmten Farbstoffes sich binnen wenigen Minuten der ganze Körper verfärbt, wenn noch Leben vorhanden ist.[6] Weitere Methoden zur sicheren Feststellung des Todes waren die Zufuhr von Hitze oder Kälte an die Haut des Toten und der Anschluß des Körpers an galvanische Elemente. Andere Autoren schlugen vor, die Beerdigung erst vorzunehmen, wenn Anzeichen auftraten, die selbst heute als sicher klassifiziert werden. Noch 1979 schreibt der Mediziner Gotfried F. Walter: „Die sicheren Todeszeichen sind Totenflecke, Totenstarre und weiter fortgeschrittene Fäulnis- und andere Auflösungsprozesse an der Leiche"[7]. Ferner wurden in zahlreichen Ländern Bestimmungen erlassen, nach denen die Toterklärung von Ärzten durch einen Totenschein bestätigt werden und vor der Beerdigung eine bestimmte Zeit nach Eintritt des Todes verstrichen sein muß. In der Bundesrepublik Deutschland ist die Leichenschau obligatorisch.[8] Jeder Arzt kann sie vornehmen. Sie muß am Ort des Todes durchgeführt werden. Im Anschluß an die Untersuchung fertigt der Arzt nach Feststellung von sicheren Todeszeichen den Leichenschauschein aus. Weiterhin ist in Landesgesetzen festgelegt, daß der Tote frühestens 48 Stunden nach Todeseintritt beigesetzt werden darf.[9]

2.1.2 Probleme im Anschluß an die Fortschritte der modernen Medizin

Im 19. Jahrhundert wurde zum ersten Mal eine begriffliche Unterscheidung getroffen, die heute noch für die medizinische Praxis von Bedeutung ist. Der Amerikaner M. Ryan stellte 1836 fest, daß nach bestimmten Verwundungen oder auch nach einer Enthauptung der Betroffene nicht sofort tot ist, aber unter Bedingungen existiert, die mit einem Weiterleben unvereinbar sind; er unterschied den molekularen Tod, den Tod der Körperzellen, und den somatischen Tod, das Ende der Persönlichkeit.[10] Diese Differenzierung ist von eminenter Bedeutung für die moderne Transplantationspraxis, durch die die Frage der Bestimmung des Todeseintritts neu aufgeworfen wurde. Doch schon vor den aufsehenerregenden Transplantationserfolgen hatten sich die Methoden der Todesbestimmung grundlegend gewandelt und eine geänderte Definition des Todes nahegelegt. Infolge der Entwicklung neuer Reanimationsmöglichkeiten[11], z.B. Herzmassage oder Anschluß an ein Beatmungsgerät, waren Herz- und Atemstillstand nicht mehr sichere Anzeichen des Todes als eines irreversiblen Zustandes. Gleichzeitig wurde das Aussetzen der Gehirntätigkeit in den Vordergrund gestellt. Im Elektroenzephalogramm (EEG) ließ sich das Nachlassen der Gehirntätigkeit darstellen. Und mehr und mehr wurden als Bestimmungsmerkmal irreparable Gehirnschädigungen angesehen. In den vorangehenden Jahrhunderten war das Problem, *ob* jemand tot war. Man versuchte, sich des sicheren Todes zu vergewissern; man hatte Angst davor, lebendig begraben zu werden; und es gab Verfügungen, in denen ein Herzstich oder die Enthauptung nach dem Ableben gewünscht wurden. Heute ist die Frage, *wann* jemand tot ist.

Die Methoden, die Kreislauftätigkeit auch noch aufrechtzuerhalten, wenn keine Möglichkeit mehr besteht, den Betreffenden wiederherzustellen oder nur aus dem Koma zu befreien, erweisen sich als problematisch. Der Fall der Amerikanerin Karen Ann Quinlan, die zwei Jahre lang an einem Atemgerät angeschlossen war, ohne aus dem Koma zu erwachen, ist weithin bekanntgeworden.[12] Man kann niemanden endlos an den Apparaten angeschlossen halten. Wenn feststeht, daß eine Person nicht mehr wiederhergestellt werden kann, weil sie voraussichtlich nicht mehr aus dem Koma erwachen wird oder weil sie irreparable Hirnschäden erlitten hat, kann und wird der Arzt die Geräte abschalten. Hier wird ein Ermessensspielraum eines Arztes oder eines Ärzteteams sichtbar, der gerade angesichts der überaus gewichtigen Frage: Leben oder Tod? unerträglich erscheint. Zu dem kommt, daß Außenstehende, vor allem die Angehörigen, die Entscheidung der Ärzte nicht auf ihre Stichhaltigkeit überprüfen können. Jean Ziegler nennt den Arzt in diesem Zusammenhang „Thanatokrat“[13], Herrscher über den Tod. „Nunmehr stellt der Arzt den Tod nicht mehr fest, sondern stellt ihn her.“[14] In dieser Aussage verschlingen sich verschiedene Todesbegriffe (somatischer vs. molekularer), so daß die Argumentation nicht plausibel ist. Aber sie bringt ein durchaus vorhandenes Unbehagen auf eine Formel. Und es liegt in ihr ein Hinweis auf eine echte Gefahr.

Verschärft wurde die Problematik der Todesbestimmung durch die Transplantation von Organen. Am 3.12.1967 wurde zum ersten Mal ein Herz mit Erfolg in den Körper eines Schwerkranken verpflanzt. Die Entnahme und Verpflanzung eines Organs ist nur dann sinnvoll, wenn seine Zellen noch intakt sind. Dies ist nur für einige wenige Stunden, nachdem der Gehirntod eingetreten ist, der Fall. Man geht also vom Gehirntod aus, letztlich aber von dem bei Ryan sog. somatischen Tod. Gälte aber etwa Herztätigkeit als Kriterium des Todes, so wäre eine Entnahme dieses funktionsfähigen Organs Mord. Am 25. Mai 1968 fand eine Herztransplantation statt, nach der der Bruder des Spenders Anklage gegen das Chirurgenteam erhob (sog. Fall Tucker).[15] Im Anschluß an die Klage wurde in Medizinerkreisen die Problematik einer Definition des Todes intensiv diskutiert.

Als der wichtigste Beitrag für eine Neubestimmung des Todeseintritts wird das Ergebnis der Beratungen eines „Ad hoc commitee to examine the definition of brain death" an der Harvard Medical School gesehen, das im August 1968 veröffentlicht wurde. Die zentralen Aussagen über die Todeskriterien lauten:

„1. Nicht-Aufnahmefähigkeit und Nicht-Antwortfähigkeit: Totales Nichtgewahrwerden von äußeren Reizen und inneren Bedürfnissen sowie völlige Antwortlosigkeit; das ist unsere Definition des irreversiblen Koma. Selbst die schmerzhaftesten Stimuli rufen keine lautliche oder eine andere Reaktion hervor, nicht einmal ein Murren, Gliederzucken oder eine Atembeschleunigung.
2. Keine Bewegungen oder Atmen: Die Beobachtungen der Ärzte, die sich über einen Zeitraum von mindestens einer Stunde

erstrecken, reichen hin für das Kriterium des Fehlens spontaner Muskelbewegungen, spontanen Atmens oder einer anderen Antwort auf Reize wie Schmerz, Berührung, Laute oder Licht. War der Patient an ein Beatmungsgerät angeschlossen, kann man durch das Ausschalten des Geräts für drei Minuten das totale Aussetzen der spontanen Atmung herbeiführen, wenn man beobachtet, ob der Patient spontan zu atmen versucht ...
3. Keine Reflexe: Das irreversible Koma mit der Aufhebung der Aktivität des zentralen Nervensystems wird teilweise durch das Fehlen angereizter Reflexe bekräftigt; die Pupille bleibt starr und erweitert und antwortet nicht auf den direkten Einfluß starken Lichts. Wenn eine starre, erweiterte Pupille vom Kliniker bestimmt ist, darf keine Unsicherheit bezüglich des Zutreffens bestehen. Bewegungen der Augen, wenn der Kopf gedreht wird oder eiskaltes Wasser in die Ohren gegossen wird, oder Zwinkern sind nicht festzustellen. Es ist keine Stell- und Haltereflextätigkeit vorhanden ... Schlucken, Gähnen, Lautausstoßen sind nicht eindeutig erkennbar; Reflexe der Hornhaut des Auges und des Kehlkopfes fehlen.
In der Regel sind keine Sehnenreflexe auslösbar ... Auf Fußsohlen- oder sonstige unangenehme Reize erfolgt keine Reaktion.
4. Flaches Elektroenzephalogramm: Das flache oder isoelektrische EEG ist zur Bekräftigung sehr wichtig, wobei angenommen wird, daß die Elektroden richtig angesetzt sind, der Apparat normal funktioniert und das Bedienungspersonal kompetent ist ... Es darf keine enzephalographischen Reaktionen auf Geräusche oder Kniffe geben ...
Alle oben genannten Tests sollen mindestens 24 Stunden später ohne Änderung wiederholt werden.
Die Gültigkeit dieser Daten als Indikatoren für irreversible Gehirnschäden hängt vom Ausschluß zweier Bedingungen ab: Untertemperatur (Temperatur unter 32 C) sowie Dämpfer des zentralen Nervensystems wie Barbiturate"[16].

Diese Definition ist trotz zahlreicher Kritiken Maßstab für die Todesbestimmung geworden. Am 23. Mai 1972 vertrat das Gericht im Verfahren Tucker die Auffassung, der Spender sei bei Entnahme des Herzens tot gewesen.[17] In einem ähnlichen Fall entschied sich ein kalifornisches Gericht im

Jahre 1974 auch für den Gehirntod als ausschlaggebendes Todeskriterium.[18] Wieviel nichtmedizinische Aspekte in der Definition des Gehirntods enthalten sind, geht aus der Aussage eines an der renommierten Harvard-Universität tätigen Arztes in einem Gerichtsprozeß hervor: „Der Tod ist ein Zustand, in dem das Gehirn tot ist. Der Rest des Körpers existiert zur Unterstützung des Gehirns. Das Gehirn ist das Individuum“[19]. Hier werden Vorstellungen über den Menschen und sein Wesen vorgetragen, die weit über eine medizinische Kompetenz hinausgehen.[20]

Grundvorstellungen aus der an der Harvard Medical School entwickelten Definition sind auch in Gesetzen zahlreicher US-amerikanischer Bundesstaaten enthalten. Das erste war das Sterbegesetz des Staates Kansas. Es nennt zwei Todesdefinitionen: Zentralbegriffe sind in der ersten das Fehlen von spontaner Atmung und Herztätigkeit, in der zweiten spontane Gehirntätigkeit. In einer weiteren Bestimmung heißt es: „c) Diese alternativen Definitionen des Todes müssen für alle Zwecke in diesem Staat genutzt werden, eingeschlossen die Zivilprozesse und die Kriminalfälle, ungeachtet gegenteiliger Gesetze“[21]. Eine sinngemäß ähnliche Erklärung verabschiedete 1969 auch die Schweizerische Akademie der Medizinischen Wissenschaften[22]. Der Begriff „nützlicher Zweck“ im Sterbegesetz des Staates Kansas scheint angesichts der Bedeutung der zu treffenden Entscheidungen zu vage. Im Zusammenhang mit der Festlegung auf zwei verschiedene Bestimmungen des Todes scheint nicht nur ein wichtiges Feld des Rechts, sondern auch eines der zentralen menschlichen Güter überhaupt in eine Zone der Beliebigkeit gerückt zu werden[23]. Es können in der Praxis durchaus Konflikte entstehen zwischen dem Leben eines Organspenders und dem Leben eines Organempfängers. Nach welchen Kriterien wird dann entschieden? Gibt es objektive Kriterien? Die Verantwortung des Arztes ist immens. Um Leichtfertigkeit zu vermeiden, wird empfohlen, die Feststellung des Todes von einem Arzt durchführen zu lassen, der nicht mit der Transplantation befaßt ist.

Das Problem der Todesbestimmung im Falle einer Transplantation verliert an Schärfe, wenn man Zahl und Art der Organübertragungen berücksichtigt. Tabelle 5 ist hierzu aufschlußreich, obwohl sie nur Daten bis 1975 enthält und anzunehmen ist, daß die Zahl der Transplantationen inzwischen zugenommen hat.

Tabelle 5: Transplantationen in der Welt 1953 - 1975[24]

Organ	in absoluten Zahlen	in %
Lunge	37	0,2
Bauchspeicheldrüse	47	0,2
Leber	254	1,0
Herz	296	1,2
Nieren	23.919	97,4
	24.553	100,0

Bemerkenswert erscheint, daß zwar Herztransplantationen größte Publizität erreichen, daß aber die wenig diskutierten Nierentransplantationen in der chirurgischen Praxis im Vordergrund stehen. Die Niere ist noch sechs Stunden nach dem Kreislaufstillstand verpflanzungsfähig, so daß die Entscheidung für eine Entnahme normalerweise nicht in eine Grauzone zwischen Leben und Tod fällt.

In der Bundesrepublik Deutschland legte der Wissenschaftliche Beirat der Bundesärztekammer erst 1982 eine Stellungnahme zu „Kriterien des Hirntodes“ vor[25]. Die Transplantation ist nicht gesetzlich geregelt. Es liegt aber als Bundestagsdrucksache 8/2681 der Entwurf eines Transplantationsgesetzes vor. Einige Passagen aus diesem Entwurf lassen den Stand der Diskussion dieses Fragenkreises in der Bundesrepublik erkennen.

„§ 1 Anwendungsbereich: Begriffsbestimmung
(1) Dieses Gesetz gilt für Eingriffe an einem Verstorbenen, die auf die Entnahme von Körperteilen und deren Übertragung auf einen Menschen oder Anschluß an den Kreislauf eines Menschen gerichtet sind oder die der Vorbereitung einer derartigen Übertragung oder eines derartigen Anschlusses dienen.
(2) Körperteil im Sinne dieses Gesetzes ist jeder natürliche Bestandteil des Körpers.

§ 2 Zulässigkeit des Eingriffs
(1) Der Eingriff (§1 Abs. 1) ist zulässig, wenn
1. der Verstorbene eingewilligt hatte,
2. der Eingriff von einem Arzt oder unter Leitung eines Arztes vorgenommen wird und
3. seit dem endgültigen Stillstand des Kreislaufs des Verstorbenen mindestens drei Stunden verstrichen sind.
(5) Unter den übrigen Voraussetzungen des Absatzes 1, 2, 3 oder 4 ist der Eingriff auch vor Ablauf von drei Stunden seit dem endgültigen Stillstand des Kreislaufs des Verstorbenen zulässig, wenn dem Arzt vor Beginn des Eingriffs eine Bescheinigung vorgelegen hat, in der zwei Ärzte den Tod unter Angabe der ihrer Feststellung zugrunde liegenden Tatsachen bestätigt haben. Die Ärzte, welche die Bestätigung erteilen, dürfen weder an dem Eingriff noch an den Maßnahmen, auf die der Eingriff gerichtet ist, beteiligt sein.“[26]

Das Gesetz ist bisher nicht verabschiedet worden und dürfte auch in absehbarer Zeit nicht verabschiedet werden. Die Probleme scheinen kaum ausdiskutierbar zu sein.[27] Und doch wären durch ein solches Gesetz den Ärzten einerseits Grenzen gesetzt, andererseits mehr Rechtssicherheit für ihr Tun gegeben und den Angehörigen für problematisch erscheinende – und das sind immer zutiefst belastende – Fälle mehr Anhaltspunkte zur Wahrnehmung ihrer Rechte.

2.2 Zum Begriff des sozialen Todes

Im Bereich der Sozialwissenschaften findet der Begriff des „sozialen Todes“ Verwendung. Dieser Begriff ist vieldeutig. Bisweilen spricht man vom sozialen Tod, wenn eine Person weitgehend ohne Kontakte zur Außenwelt lebt, wie das bei alleinstehenden Menschen oder sog. Pflegefällen vorkommt.[28] Robert J. Kastenbaum subsumiert das Altern generell oder das „Schneiden“ einer Person unter „sozialer Tod“.[29] Auch auf Personen, deren geistige Fähigkeiten, z.B. durch fortgeschrittene Arteriosklerose, beeinträchtigt sind, wird der Terminus angewandt. Diese Versionen des Begriffs sind für unseren Zusammenhang von untergeordneter Bedeutung; der Begriff des Todes ist hier nur eine Metapher. Doch der Gebrauch des Wortes „Tod“ als Metapher ist problematisch. Denn damit verdeckt man oft den grundlegenden Zug des Todes, einen Menschen den Angehörigen unwiederbringlich zu entreißen. So halte ich es auch für verfehlt, wenn Kastenbaum vom „phänomenologischen Tod“ (phenomenological death“[30]) spricht, wenn eine Frau die Fähigkeit verliert, Kinder zu gebären. Der Begriff des sozialen Todes, der allein angemessen erscheint, wurde von David Sudnow definiert und steht dem medizinisch festgestellten Tod, der in der Regel den Verlust einer Person gültig anzeigt, zeitlich sehr nahe. „. . . der soziale Tod tritt in dem Augenblick ein, in dem die sozial relevanten Attribute des Patienten für den Umgang mit ihm keine Rolle mehr spielen und er im wesentlichen schon als ‚tot' betrachtet wird."[31] So beobachtete Sudnow Gespräche unter Medizinern in der Gegenwart komatöser Patienten über die bevorstehende Obduktion. Angehörige erteilten die Obduktionserlaubnis bereits in den letzten Stunden vor dem Tod, unterrichteten in dieser Zeit Bestattungsinstitute und Versicherungen, bereiteten Todesanzeigen und Nachrufe vor, verfügten über Gegenstände, die dem Sterbenden gehörten. Anzeichen des sozialen Todes waren das Schließen der Augen von Sterbenden durch die Schwestern, was beim Erstarren der Muskulatur nach Todeseintritt nur sehr schwer möglich ist. Auch andere Prozeduren wie das „Wickeln" der Leiche oder das Zusammenbinden von Armen und Beinen wurden vom Personal bisweilen schon vor der medizinischen Feststellung des Todes vorgenommen.[32] In allen Fällen, in denen solche Indizien eines sozialen Todes konstatiert wurden, müßte die Frage nach der Würde eines Sterbenden gestellt werden, und vor allem[33] von diesem ethischen Aspekt her erhält der Begriff des sozialen Todes seinen tiefen Sinn.

2.3 Sinngebungen des Todes und des Lebens

2.3.1 Tod als Ende oder Übergang

Der Tod ist ein Ärgernis. Zu sein und gleichzeitig zu wissen, daß man so, wie man ist, nicht sein wird, das ist ein Problem, das jeden irgendwann beschäftigt, ja bisweilen bedrängt, bedrückt und das auf jeden Fall eine Lösung verlangt. Jeder entwickelt – das muß gar nicht bewußt werden – ein Konzept vom Sinn des Todes, das wiederum die Auffassung vom Leben zutiefst beeinflußt.

Grob lassen sich zwei Vorstellungen vom Tod unterscheiden: Ende und Übergang.[34]

Die Sicht des Todes als absolutes Ende kann sich in unterschiedlichen Lebenskonzepten niederschlagen. Mehrere Haltungen sollen anhand von bekannten Bibelzitaten charakterisiert werden, was die Bibel z.T. als ein bis in die Grundanschauungen heterogenes Werk ausweist, z.T. als eine Schrift, in der auch den eigenen Auffassungen entgegengesetzte Vorstellungen auf eine prägnante Formel gebracht worden sind. Eine dieser Haltungen ist der Hedonismus. Der Geschichtsphilosoph Arnold Toynbee führt zur Verdeutlichung dieser Position des Jesajazitat an: „Lasset uns essen und trinken, denn morgen müssen wir sterben“[35]. Diesem hell getönten Lebenskonzept steht das dunkle des Pessimismus gegenüber. Angesichts des unvermeidlichen Todes wird das Leben als Qual oder mit Überdruß gesehen. In Versen des Psalm 90 wird diese Sicht von Leben und

Tod zum Ausdruck gebracht:

„Du läßt den Menschen zum Staub zurückkehren und sprichst:
‚Kehret zurück, ihr Menschenkinder!'
Du säst sie aus von Jahr zu Jahr,
sie gleichen dem Gras, das nachwächst.
Am Morgen sprießt es und wächst,
am Abend welkt es und verdorrt.
Die Zeit unseres Lebens währt insgesamt siebzig Jahre,
wenn es hoch kommt, achtzig Jahre,
und ihr Gehetze ist Mühsal und Unheil.
Ja, eilends ist es dahin, im Flug vergangen“[36].

Tiefer Pessimismus war in der Zeit der griechischen Klassik weit verbreitet. Sophokles läßt im „Ödipus in Kolonos“ den Chor sprechen:

„Nicht geboren zu sein ist höchstes Glück.
Doch wenn einer das Licht erschaut,
Wieder zu gehen, von wo er gekommen,
Ohne Säumen, ist gleich das zweite“[37].

Angesichts des wenig geschätzten Lebens wird hier der Tod eindeutig positiv bewertet. Das steht im Gegensatz zur jüdischen Tradition, die den Tod als Strafe sieht; besonders deutlich wird das in der Vorstellung, der Tod sei die Strafe für die Ursünde[38].

Die Stoa hat die Gleichmut gegenüber dem Schicksal kultiviert. Diese Gleichmut soll auch gegenüber dem Tod eingenommen werden. Eine solche ausgewogene Gemütshaltung wird in vielen Fällen von den zahlreichen Menschen in den westlichen Gesellschaften angestrebt, die kein persönliches Weiterleben nach dem Tode annehmen. Werner Fuchs hat diesen, wie er meint, „modernste(n) Todesbegriff“[39], den er den „natürlichen Tod“ nennt, detailliert expliziert. Voraussetzung für ein solch klagloses Akzeptieren des Todes ist ein erfülltes Leben, das, um es mit den Worten des Buches Hiob auszudrücken, den alten Menschen des Lebens „satt“ sein läßt. Ein erfülltes Leben und ein natürlicher Tod sind aber erst in einer gewaltlosen Gesellschaft möglich, in der jeder Gelegenheit zur Selbstentfaltung hat. Für Fuchs, der hier auf Gedanken von August Bebel verweist[40], ist dies eine sozialistische Gesellschaft. Seine Position ist vom Hedonismus, dessen Ziel die Befriedigung individueller Sehnsüchte ist, zu unterscheiden, da sie stärker auf eine Erfüllung im sozialen Rahmen ausgerichtet ist. Ein weiteres unterscheidendes Kriterium ist das Engagement für gesellschaftliche Verhältnisse, durch die erst der Tod zu einem akzeptablen Ereignis wird. Von daher ist u.a. auch seine Auffassung zu verstehen, der natürliche Tod sei der „progressivste“[41] Todesbegriff. Daß das absolute Ende direkt als ein erwünschter Zustand betrachtet wird, ist für moderne westliche Gesellschaften atypisch. Selbst in der von Fuchs dargelegten Konzeption des natürlichen Todes ist es ein auf der Erkenntnis der Unausweichlichkeit des Todes basierendes Akzeptieren, nicht Wunsch. Die zuletzt genannte Haltung wäre vor dem Hintergrund von weitverbreiteten traditionellen Vorstellungen eines Weiterlebens der Toten und von zwei Tausend Jahren Christentum auch kaum vorstellbar. Die positive Wertung des Nichts finden wir in asiatischen Religionen. Im Buddhismus ist es ersehntes Ziel, aus dem Rad der Wiedergeburt in ein Nichts, das Nirwana, zu versinken.

Die Vorstellung vom Tod als Übergang zu einem neuen Leben ist wieder in sich stark differenziert.

Das neue Leben kann ein ewiges oder ein terminiertes sein. In sog. Naturvolkgesellschaften findet man die Vorstellung, der Tote lebe nur so lange weiter, wie man an ihn denkt, ihm Speisen bereitstellt usw. Auch in einer Hochkultur wie der chinesischen sind im Ahnenkult solche Elemente enthalten. Stirbt eine Familie aus, ist dies für das Schicksal der Ahnen ein verheerender Einschnitt.

In vielen Kulturen existiert die Vorstellung von Etappen des neuen Lebens. Bei Naturvölkern zeigt sich dies deutlich an der Sitte der doppelten Bestattung[42]. Bald nach dem Tode wird der Leichnam zum ersten Mal bestattet. Wenn z.B. das Fleisch verwest ist, folgt eine weitere Beisetzung für die Gebeine. War der Tote nach der ersten Bestattung noch eng mit der Welt der Lebenden verbunden, so geht er mit der zweiten endgültig in das Totenreich ein.

Im Laufe der Geschichte des Christentums hat sich die Vorstellung von Etappen des jenseitigen Lebens mehrfach gewandelt. Philippe Ariès hat diese Entwicklung in seiner „Geschichte des Todes" nachzuzeichnen versucht. Zur Vorstellungswelt der Phase des von ihm sog. gezähmten Todes, den Ariès als die bis in das 13. Jahrhundert allgemein übliche Einstellung gegenüber dem Tod sieht, gehört, daß der Tote nach seinem Ableben schläft. Im christlichen Raum nimmt man etwa einen Paradiesgarten oder den Schoß Abrahams an, in dem sich der Tote ausruht, bevor er in der Endzeit vor Gottes Gericht gerufen und seiner endgültigen Bestimmung zugeführt wird. Das „requiescat in pace" in den Totengebeten der katholischen Kirche bringt diese Vorstellung noch zum Ausdruck. Im Hochmittelalter beginnt sich der Typus „Eigener Tod" durchzusetzen. Es wird davon ausgegangen, daß die Seele sofort nach dem Eintritt des Todes vor Gottes Gericht gestellt wird und dann Seligkeit oder Verdammnis erfährt. Die Vorstellung eines Letzten Gerichtes tritt stark in den Hintergrund. Der vierte Typus „Der Tod des Anderen" – die dritte Erscheinungsform ist für unsere Fragestellung kaum von Belang – wird von der zunehmenden Intensität der gefühlsmäßigen Bindungen in der Familie bestimmt, wie sie sich im 19. Jahrhundert entwickelte. Das Jenseits wird dann als der Ort gedacht, an dem nach dem Tod die verstorbenen Angehörigen wieder zusammentreffen. Das „Auf Wiedersehen" auf manchen Grabsteinen bringt dies zum Ausdruck. Bei Katholiken bekommt das Fegefeuer einen neuen Stellenwert. Es ist der Ort des Verweilens der Toten, und man kann für die dort harrenden Angehörigen durch Gebet weiter sorgen. Das Gebet für die armen Seelen wird nach Ariès „zur am weitesten verbreiteten und populärsten Form der Andacht in der katholischen Kirche"[43]. Mit der Betonung des Fegefeuers als „normalem“ Aufenthaltsort der Toten wird wieder ein Zwischenstadium vor der endgültigen Aufnahme bei Gott eingeschoben, wie es zur Zeit des gezähmten Todes mit der Periode des Ruhens angenommen wurde.

In den Darlegungen Ariès‘ tritt ein weiteres Moment der Differenzierung zutage. Das Weiterleben kann nur den geistigen Teil des Menschen betreffen, der im abendländischen Bereich als „Seele“ bezeichnet wird, oder es kann auch den Leib einbeziehen, der wieder auferstehen wird. Beide Vorstellungen sind nicht exklusiv christlich. Die Auferstehung der Toten wird auch im persischen Zoroastrismus wie im Islam angenommen. Seelenglauben findet man im primitiven Animismus ebenso wie im hochkulturellen Buddhismus oder im Hinduismus. Dabei unterscheiden sich die buddhistischen und hinduistischen Vorstellungen von der christlichen: Während dort davon ausgegangen wird, die Seele könne im Nirwana erlöschen bzw. – so im Hinduismus – im Brahma aufgehen, wird hier die Seele als unsterblich angesehen. Von der Unsterblichkeit wiederum zu unterscheiden ist die Auffassung von der Ewigkeit der Seele. Die Anhänger des Pythagoras und der griechischen Sekte der Orphiker glaubten, die Seele habe von Ewigkeit her bestanden und würde sich auch in Zukunft ewig verkörpern.

Der Dualismus Leib-Seele verweist auch auf heterogene Auffassungen über das Weiterleben nach dem Tode in der christlichen Religion. Im protestantischen Bereich, der traditionell schwächer von *einer* dominierenden Dogmatik geprägt ist, reichen heute die Vorstellungen vom sofortigen Hintreten der Seele vor Gottes Gericht über ein Ruhen bis zum Endgericht und der darauf folgenden Auferstehung des Leibes bis zum Tod als endgültigem Verlöschen. Selbst im katholischen Raum, für den die einheitliche Lehrmeinung als typisch gilt, stehen verschiedene Auffassungen nebeneinander. In Karl Rahners und Herbert Vorgrimlers „Kleines Theologisches Wörterbuch“ heißt es unter „Eschatologie“:

„Ein schwieriges theologisches Problem der Eschatologie ist die Dialektik zwischen der individuellen Eschatologie (Tod und individuelles Gericht, Himmel oder Hölle bzw. Fegefeuer des Einzelnen) und der allgemeinen Eschatologie (universales Gericht, ewiger Himmel, ewige Hölle). Man kann die Aussagen darüber ja nicht allein dadurch ausgleichen, daß man sie auf verschiedene Wirklichkeiten verteilt, die man wie getrennte behandelt (Seligkeit der ‚Seele' – Auferstehung des ‚Leibes'), da doch der Mensch in Leib und Seele zu einer Wirklichkeit geeint ist und alle biblischen Aussagen über ihn immer das Ganze seines Wesens treffen"[44].

Eine Folge dieser theologischen Probleme ist, daß die derzeitige „vorstellungsmäßige Ausstattung von Glaubensaussagen zunächst sehr *vorsichtig und karg* ausfallen wird"[45]. Unter solchen Vorzeichen können heute die traditionellen Konfessionen nicht mehr voll ihre Funktion als Religion erfüllen, nämlich Orientierung angesichts einer unsicheren Welt zu gewähren, eindeutig Position zu den letzten Fragen des Lebens zu beziehen[46]. Das führt einerseits zur Minderung der Bedeutung von Religion in modernen Gesellschaften, läßt sie an Attraktivität verlieren. Andererseits bewirkt der Verlust dieser Funktionen eine zunehmende Verunsicherung über den Sinn von Leben und Tod.

Diese Skizzierung der geistigen Situation wird auch in Umfrageergebnissen reflektiert. In der Bundesrepublik Deutschland, in der sich die überwältigende Mehrheit aller Bürger zu einer der beiden großen Konfessionen bekennt, antworteten 1971 nur noch wenig mehr als ein Drittel in einer repräsentativen Stichprobe, nämlich 35% der Befragten, sie glaubten in irgendeiner Form an ein Leben nach dem Tode. 23%, also jeder 5., wollte sich nicht festlegen, und 42% der Befragten verneinten die Frage einer Weiterexistenz. Und es ist bezeichnend für die theologische Situation, daß 20% der Katholiken und 27% der Protestanten, die angaben, regelmäßig den Gottesdienst zu besuchen, nicht an ein Weiterleben nach dem Tode glauben[47]. Allerdings müssen zwei Einschränkungen angefügt werden.

Die in der Bundesrepublik Deutschland festgestellten Prozentsätze sind keineswegs typisch für westliche Industriegesellschaften. In den USA sind Vorstellungen von einem Weiterleben im Jenseits viel verbreiteter als in der Bundesrepublik. 1980 glaubten 71% der Amerikaner an einen Himmel; Protestanten und Katholiken unterschieden sich kaum in dieser Annahme.[48] Auch andere europäische Länder (z.B. Finnland)[49] weisen höhere Anteile an Personen auf, die an ein Weiterleben nach dem Tod glauben. Es wäre eine lohnende Aufgabe für die Religionssoziologie, hier signifikante Zusammenhänge mit anderen Merkmalen einer Bevölkerung aufzuzeigen.

Weiter bedürfen die Umfrageergebnisse der Ergänzung. Neben dezidierten Bekenntnissen sind Handlungen zu beachten, und zwar Handlungen, die Vorstellungen von einem Fortleben von Verstorbenen auch bei Personen signalisieren, die die traditionellen religiösen Lehren zu dieser Frage ablehnen.

2.3.2 Säkularisierte Vorstellungen vom Weiterleben nach dem Tode

Auch in der Gegenwart wird der Leichnam mit Ehrfurcht behandelt. Er ist kein Kadaver.[50] § 168 StGB bezieht sich auf die „Störung der Totenruhe“[51]. Das ist nur sinnvoll, wenn der Leichnam so aufgefaßt wird, daß er noch etwas von der Identität des ehemals Lebenden besitzt. In eine ähnliche Richtung verweisen die Gräber. Das Grab ist die „Ruhe“stätte der Toten, durch die Beisetzung im Familiengrab ist der Verstorbene in den „Schoß der Familie“ zurückgekehrt[52]. Die Grabpflege mit Kerzen und Blumen legt die Assoziation zum Paradiesgarten nahe, für dessen Erhaltung gesorgt wird. In diesem Zusammenhang verdient das Ergebnis einer kleinen Untersuchung von Alois Hahn

Beachtung. Personen, die den Glauben an die Unsterblichkeit ablehnten, gaben ebenso wie die Verfechter der Unsterblichkeitsvorstellungen in über 80% der Fälle an, sie würden die Gräber ihrer Angehörigen aus „Pflichtgefühl und *Anhänglichkeit*" pflegen und nicht etwa, weil es Brauch sei und man ins Gerede komme, wenn man der Pflicht nicht genüge.[53] Die Behandlung des Leichnams und die Grabsitten sind ein erstes Indiz für Vorstellungen vom Weiterleben der Toten, die nicht im direkten Zusammenhang mit religiösen Lehren stehen.

Eine Vorstellung vom Weiterleben bei Annahme des Verlustes der persönlichen Identität mit dem Tode ist auch das Weiterleben in Nachkommen.[54] Ihre klassische Formulierung findet sie wieder im Alten Testament. Gott verspricht dem Abraham keinesfalls ein ewiges persönliches Existieren, sondern: „Ich will dich zu einem großen Volke machen ..."[55]; „Deine Nachkommen will ich so zahlreich machen wie den Staub der Erde ..."[56]; „... zu Völkern will ich dich werden lassen, und Könige sollen aus dir hervorgehen"[57]; ich „will deine Nachkommen überaus zahlreich machen wie die Himmelssterne und wie den Sand am Ufer des Meeres ..."[58]. Diese Vorstellung muß nicht rein biologisch fundiert sein. Man kann auch in den übrigen Angehörigen eines Stammes oder – bei modernen Gesellschaften – einer Nation weiterleben wollen.

Die Vorstellung vom Weiterleben in Nachfahren steht im Zusammenhang mit einer neuen Facette der Weiterlebensvorstellungen: dem Weiterleben im Gedächtnis späterer Generationen. Kinder sind es, die am intensivsten an ihre verstorbenen Eltern denken. Aber das Weiterleben im Gedächtnis anderer kann auch auf größere Dimensionen hin gedacht werden. Es kann sich auf alle anonymen Betrachter von Grabsteinen beziehen. Die oft sehr ausführlichen Darstellungen der Eigenarten des Toten vor allem in früheren Zeiten deuten auf diese Funktion der Grabsteine hin. Der Wunsch, im Gedächtnis anderer weiterzuleben, kann zu großen Werken und Anstrengungen führen. Schriftsteller denken an die Leser ihrer Werke in kommenden Generationen, Künstler an die Wirkung ihrer Schöpfungen zu späteren Zeiten. Große, auch grauenhafte Taten wurden von politischen Führern vollbracht, um im Nachruhm weiterzuleben oder sich unwiderruflich in das Buch der Geschichte einzuprägen. Das Weiterleben im Gedächtnis der anderen kann auch explizit als Sinngebung herausgestellt werden. Hahn weist auf den Spruch der altnordischen Edda hin: „Doch ewig lebt der Toten Tatenruhm“[59]. Hier wird der Einsatz des Lebens durch den Krieger mit Hilfe dieser Vorstellung motiviert. Auch im kommunistischen Machtbereich wird der Gedanke an das Weiterleben im Gedächtnis anderer, und zwar hier der größtmöglichen Einheit, nämlich aller Mitglieder künftiger sozialistischer Gesellschaften, bewußt eingesetzt. Fuchs führt folgende Aussage des sowjetischen Ethikers A.R. Schischkin an: „Der sowjetische Mensch strebt danach, daß er einen guten Ruf hinterläßt und daß man ihn als würdiges Mitglied der ehrenhaften Armee der Erbauer des Kommunismus denkt... Das Volk bewahrt sein Andenken nur an jene, die für die gesellschaftlichen Interessen gelebt haben und dem allgemeinen Wohl ehrlich dienten“[60].

Eine letzte wichtige Vorstellung des Weiterlebens ist das Weiterleben in der Natur. Es ist dies die bescheidenste Form einer Vorstellung vom Weiterleben: Jeder ist Teil der Natur und bleibt das auch nach dem Tode. Naturmystiker aller Zeiten fanden sich von dieser Vorstellung angerührt.

Hahn hat eine Universalität des Jenseitsglaubens angenommen.[61] Dieses Jenseits, in das der Mensch übergeht, wird keineswegs in allen Kulturen, geschweige von allen Menschen in unseren modernen Gesellschaften akzeptiert. Aber die Vorstellung, man lebe irgendwie weiter, ist sehr weit verbreitet und muß keinesfalls mit einem Jenseits, in das der Verstorbene eintritt, im Zusammenhang stehen, Hier liegt die Annahme einer Universalität viel näher. Besonders die als säkularisiert[62] bezeichneten Vorstellungen des Weiterlebens werden selbst in den Gesellschaften, in denen Religion als überholt abgelehnt wird, z. T. ausdrücklich proklamiert und erfassen auch das Bewußtsein der Menschen in modernen Gesellschaften, die der Jenseitsglaube der Religionen nicht mehr überzeugt. Man könnte solche Auffasssungen als die eigentlich modernen bezeichnen, weil sie auch in der „entzauberten" Welt, um es in Anlehnung an Max Weber zu formulieren[63], noch akzeptabel erscheinen, obwohl sie alte und älteste Wurzeln besitzen. Der Verlust dieser Vorstellungen bedeutet die Einbuße der letzten, oft – im Vergleich zu den Ansprüchen auf persönliches Weiterleben – sehr bescheidenen Sinngebungen des Lebens und Sterbens. Robert Jay Lifton und Eric Olson haben die besonders stark ausgeprägte Angst vor einer thermonuklearen Katastrophe als Angst vor dem Verlust dieser Sinngebungen gedeutet: Nach der Zerstörung der Welt durch Atomwaffen seien alle Nachkommen getötet; Nationen zählten nicht mehr; die Werke der Menschen, ihre Entdeckungen, Schriften, Bauten, künstlerischen Äußerungen seien zerstört; niemand könne das Gedächtnis der Toten bewahren; und selbst die Natur, zu der man zurückgekehrt sei, sei durch Strahlungen nicht mehr der früher vorhandenen identisch.[64]

2.3.3 Die gegenwärtige Situation

Die Sinnsysteme der großen Religionen haben ihre ganze Gesellschaften umgreifende Verbindlichkeit verloren. Die weltanschaulichen Monopole der Vergangenheit haben sich in der Gegenwart auch bezüglich des Todes in einen „Markt der Weltanschauungen"[65] aufgelöst. Sicher existierten in der abendländischen Geschichte oft verschiedene Konzeptionen vom Weiterleben nach dem Tode nebeneinander. Ariès weist darauf hin, daß sich bereits im 16. Jahrhundert zum ersten Mal deutliche Zeugnisse von Zweifeln am Weiterleben nach dem Tode finden.[66] Auch seine insgesamt fünf Modelle von Vorstellungen über Sterben und Tod will er nicht so verstanden wissen, daß sie einander ablösen, sondern daß sie für eine Epoche typisch sind und in ihr dominieren.[67] Dennoch dürfte die moderne Vielfalt der Vorstellungen über den Tod und das, was nach ihm kommt, zu keiner Zeit in unserem Kulturraum erreicht worden sein. Verschiedene eher philosophische Vorstellungen (z.B. die Heideggers) stehen neben eher alltäglichen, oft wenig reflektierten (z.B. Hedonismus) und politischen (z.B. marxistischer Atheismus). Die aus religiösen Denksystemen stammenden Auffassungen reichen von ostasiatischen über die von Naturreligionen[68] bis zu christlichen, die wieder in sich heterogen sind. Dazu kommen jene Vorstellungen vom Weiterleben, die als säkularisierte gekennzeichnet wurden. Das einzelne Bewußtsein ist bezüglich des Sinnes von Leben und Tod ein Kaleidoskop von mehr oder minder akzeptierten „Angeboten", um das Bild vom Markt nochmals aufzunehmen. In Ernstsituationen wie dem Tod von Angehörigen wird dabei wahrscheinlich häufiger, als in den Befragungsergebnissen zum Ausdruck kommt, auf die traditionellen Wahrheiten der Religionen als Richtschnur zurückgegriffen (vgl. 3.7.3). Aber im großen und ganzen ist der einzelne auf seine wechselnden Gefühle und Erlebnisse mit anderen als Instanz für die Auswahl aus den verfügbaren Vorstellungen über Leben und Tod zurückverwiesen, um sich jeweils in seelischer Balance zu halten. Feste Maßstäbe fehlen in unserer Gesellschaft. Hier versagt sich auch die Wissenschaft; hier gibt es auch keinen Fortschritt, der so eng mit Wissenschaft verknüpft ist. Angesichts der modernen Vielgötterei gilt immer noch Max Webers Wort: „Über diesen Göttern und in diesem Kampf waltet das Schicksal, aber bestimmt keine ‚Wissenschaft'"[69].

Anmerkungen zu Kapitel 2:

1 Dies gilt auch dann in der *Praxis*, wenn keine *sprachlichen Mittel* zur Verfügung stehen, etwa „tot" von „alt" und „krank" zu scheiden, wie dies in melanesischen Sprachen der Fall sein soll. Vgl. dazu Werner Fuchs, Todesbilder in der modernen Gesellschaft, 1969, S. 48. Wer alt oder krank ist, ist dem Tod nahe; er kann zur Tötung vorgesehen sein, aber erst am wirklich Toten können die entsprechenden Riten vollzogen werden.
2 Vgl. A. Keith Mant, The Medical Definition of Death, in: Edwin A. Shneidman (Hrsg.), Death, 1976, S. 223
3 Vgl. ebd., S. 220; Mant berichtet über weitere Fälle der Toterklärung Lebender in der Gegenwart.
4 Vgl. Fritz Hartmann, Umgang mit Sterbenden in der Geschichte, in: Ernst Engelke u.a. (Hrsg.), Sterbebeistand bei Kindern und Erwachsenen, 1979, S. 12
5 Vgl. ebd., S. 13
6 Vgl. Mant, S. 227
7 Gotfried F. Walther, Die Feststellung des Todes, in: Rabanus Maurus-Akademie (Hrsg.), Stichwort: Tod, Frankfurt/M. 1979, S. 24f.
8 Vgl. Jürgen Gaedke, Handbuch des Friedhofs- und Bestattungsrechts, 4. Aufl. 1977, S. 128ff.
9 Vgl. z.B. ebd., S. 419, 466, 483, 497 u.a.
10 Vgl. Mant, S. 225f.
11 Schon von Anfang des 18. Jahrhunderts sind Anweisungen für Reanimationsmaßnahmen literarisch belegt. Vgl. Hartmann, S. 13
12 Für die folgenden Überlegungen ist der Fall Quinlan nicht passend, denn das Mädchen starb auch nicht, als die Geräte abgeschaltet wurden.
13 Vgl. Jean Ziegler, Die Lebenden und der Tod, 1977, S. 80
14 Ebd.
15 Vgl. Robert M. Veatch, Defining Death Anew, in: Hannelore Wass (Hrsg.), Dying, 1979, S. 320ff.
16 Ad Hoc Committee of the Harvard Medical School to Examine the Definition of Brain Death. A Definition of Irreversible Coma, in: Journal of the American Medical Association 205 (1968), S. 337 - 340, wieder abgedruckt in: Richard F. Weir (Hrsg.), Ethical Issues in Death and Dying, 1977, S. 82-89. Die Übersetzung aus den Seiten 83-85 bei Weir orientiert sich teilweise an einer bei Ziegler wiedergegebenen Version; vgl. Ziegler, S. 77f.
17 Vgl. das Gerichtsurteil Tucker vs. Lower, abgedruckt in: Richard F. Weir (Hrsg.), Ethical Issues in Death and Dying, 1977, S. 125 - 128
18 Vgl. Barton E. Bernstein, Death and the Law, in: Hannelore Wass (Hrsg.), Dying, 1979, S. 300
19 Zitiert bei: Robert M. Veatch, Brain Death, in: Edwin S. Shneidman (Hrsg.), Death, 1976, S. 236
20 Vgl. dazu auch Veatch 1979, S. 326
21 Loren F. Taylor, A Statutory Definition of Death in Kansas, in: Journal of the American Medical Association 215 (1971), S. 296
22 Vgl. Reinhold Lindner und Dietrich Feist, Den Tod bekämpfen, in: Helmut

Aichelin u.a., Tod und Sterben, 2. Aufl. 1979, S. 49

23 Vgl. dazu auch Alexander Morgan Capron and Leon R. Kass, A Statutory Definition of the Standards for Determining Human Death: An Appraisal and a Proposal, in: James B. Carse and Arlene B. Dallery (Hrsg.), Death and Society, 1977, S. 278 f.

24 Quelle: Dale V. Hardt, Death, 1979, S. 44

25 Vgl. Wissenschaftlicher Beirat der Bundesärztekammer, Kriterien des Hirntodes, in: Deutsches Ärzteblatt - Ärztliche Mitteilungen 79 (1982), Heft 14, S. 45 - 55

26 Wiedergegeben bei: Hinrich Rüping, Für ein Transplantationsgesetz, in: Medizin - Mensch - Gesellschaft 7 (1982), S. 83

27 Vgl. ebd., S, 77 - 83

28 Vgl. dazu Victor W. Marshall, Last Chapters, 1980, S. 155 oder Hans-Joachim Schmoll, Sterben als sozialer Prozeß, in: Ernst Engelke u.a. (Hrsg.), Sterbebeistand bei Kindern und Erwachsenen, 1979, S. 41

29 Vgl. Robert J. Kastenbaum, Death, Society, and Human Experience, 1977, S. 31 f.

30 Ebd., S. 33

31 David Sudnow, Organisiertes Sterben, 1973, S. 98

32 Vgl. ebd., S. 97 ff.

33 Es gibt natürlich noch näherliegende Gründe. So muß z.B. angenommen werden, daß auch Komatöse in einzelnen Fällen hören, was um sie herum gesprochen wird. Vgl. dazu ebd., S. 116 ff., Fußn. 19

34 Die folgenden Überlegungen stützen sich teilweise auf Erörterungen von Toynbee; vgl. Arnold Toynbee, Various Ways in Which Human Beings Have Sought to Reconcile Themselves to the Fact of Death, in: Edwin S. Shneidman (Hrsg.), Death, 1976, S. 13 - 44

35 Jes. 22,13

36 Ps. 90, 2, 5, 6, 10

37 Sophokles, Oedipus in Kolonos, übersetzt von Franz Bader, 1895, S. 53

38 Vgl. Richard A. Kalish, Death, Grief, and Caring Relationships, 1981, S. 57

39 Fuchs, S. 24

40 Vgl. ebd., S. 75, Fußn. 31

41 Ebd., S. 219

42 Zum zweiten Begräbnis vgl. u.a. David Mandelbaum, Social Uses of Funeral Rites, in: Herman Feifel (Hrsg.), The Meaning of Death, 1959, bes. S. 189 ff.

43 Philippe Ariès, Geschichte des Todes, 1980, S. 591

44 Karl Rahner und Herbert Vorgrimler, Kleines Theologisches Wörterbuch, 12. neu bearb. Aufl. 1980, S. 117

45 Vgl. Paul Michael Zulehner, Heirat - Geburt - Tod, 1976, S. 220 (Sperrung von Zulehner)

46 Vgl. Peter L. Berger, Zur Dialektik von Religion und Gesellschaft, 1973, S. 42 ff.

47 Diese Umfragedaten sind entnommen bzw. errechnet nach: Gerhard Schmidtchen, Protestanten und Katholiken, 1973, S. 301 ff.

48 Vgl. A look at the afterlife, in: Public Opinion 5 (1983), Nr. 6, S. 40

49 Vgl. dazu die Übersicht in: Zulehner, S. 207

50 Vgl. Alois Hahn, Einstellungen zum Tod und ihre soziale Bedingtheit, 1968, S. 104
51 Gaedke, S. 204
52 Zum Grab als Mutterschoß vgl. Fuchs, S. 142
53 Vgl. Hahn, S. 112 (Sperrung von mir, G. S.)
54 Die folgende Klassifikation von Weiterlebensvorstellungen ist orientiert an: Robert Jay Lifton and Eric Olson, Living and Dying, 1974, S. 76ff.
55 Gen. 12,2
56 Gen. 13,16
57 Gen. 17,6
58 Gen. 22,17
59 Hahn, S. 141
60 Fuchs, S. 99
61 Vgl. Hahn, S. 5
62 Dieses „säkularisiert" ist insofern problematisch, als die entsprechenden Vorstellungen auch in religiösen Denksystemen vorkommen. Das gilt etwa für das christliche „Staub bist du, und zu Staub sollst du zurückkehren", das auch der Vorstellung vom Weiterleben in der Natur zugeordnet werden kann. Aber die Vorstellungen sind insofern säkularisiert, als sie auch ohne die Stützung durch religiöse Systeme vorkommen, und dies vor allem in unseren modernen Gesellschaften.
63 Vgl. Max Weber, Die protestantische Ethik und der Geist des Kapitalismus, in: Ders., Gesammelte Aufsätze zur Religionssoziologie, Bd. 1, 5. Aufl. 1963, S. 114
64 Vgl. Lifton and Olson, S. 124ff.
65 In Anlehnung an Peter L. Berger, Ein Marktmodell zur Analyse ökumenischer Prozesse, in: Joachim Matthes (Hrsg.), Internationales Jahrbuch für Religionssoziologie, Bd. I, 1965, S. 235 - 249
66 Vgl. Ariès, S. 400f.
67 Das ergibt sich z. B. daraus, daß er das Vorkommen des frühesten Typs (des gezähmten Todes) auch noch im 19. und 20. Jahrhundert annimmt. Vgl. ebd. S. 31ff.
68 Zu solchen Vorstellungen bekennt sich z. B. Ziegler; vgl. Ziegler, S. 10f.
69 Max Weber, Wissenschaft als Beruf, in: Ders., Gesammelte Aufsätze zur Wissenschaftslehre, 3. Aufl. 1968, S. 604

3. Trauern in der modernen Gesellschaft

3.1 Trauern als Vorgang in der Familie

3.1.1 Trauer um Familienangehörige

Sterben ist ein Thema, dem in den letzten 20 Jahren viel Beachtung geschenkt wurde. Zahlreiche Akademieveranstaltungen, Sendungen in den Medien sowie Bücher und Zeitschriftenartikel geben Zeugnis davon, wobei der Grad der Seriosität unterschiedlich ist. Demgegenüber ist die Auseinandersetzung mit dem Phänomen „Trauer" bedeutend seltener geführt worden. Diese Diskrepanz gilt auch für eine Behandlung in der Soziologie. Eine Soziologie des Trauerns ist ein Bereich, der weitgehend der Familiensoziologie angelagert werden muß. Es gibt zwar Fälle, wo der einzelne um den Verlust von Teilen des eigenen Körpers trauert; man denke an Amputation von Armen oder Beinen oder die Mastektomie (Brustamputation)[1]. Sehr schwierig zu bewältigen ist der Verlust von Sinnesorganen wie den Augen[2]. Bisweilen wird auch am Tod berühmter Persönlichkeiten des öffentlichen Lebens in der Bevölkerung Anteil genommen; so wurde festgestellt, daß viele amerikanische Bürger anläßlich des Todes von John F. Kennedy Trauersymptome zeigten[3]. Aber weitaus am häufigsten wird um den Verlust von Familienangehörigen getrauert, wobei der Verlust durch Tod wie durch andere Vorkommnisse, z.B. durch Scheidung, Desertion usw., eintreten kann. Der Tod, auf den sich unsere Überlegungen konzentrieren, hebt sich von den zuletzt genannten Formen des Verlusts durch die Charakterisierung „endgültig“ oder „unwiederbringlich“ ab. Warum sich Trauer vor allem auf die nächsten Verwandten bezieht, läßt sich mit verschiedenen soziologischen Ansätzen erklären.

Die Sozialgeschichte der Familie stellt eine erste Möglichkeit theoretischen Zugangs zur Trauer dar. Besonders eindrucksvoll hat der kanadische Soziologe Edward Shorter nachgezeichnet, wie sich innerhalb der letzten 150 Jahre die engere Familie, die Kernfamilie nach außen hin abschloß und, ausgehend von der engen Bindung zwischen Mutter und Kind, das Gefühlsleben zwischen ihren Mitgliedern entwickelte.[4] Zunehmend wird die romantische Liebe Ausgangspunkt für die Gründung einer Familie und wichtiges Band zwischen den Ehegatten. In der Familie als *der* Intimgruppe gewinnen Gefühle – solche der Zuneigung wie der Abneigung – eine Bedeutung wie in keiner anderen Lebenssphäre. Was den einzelnen zutiefst anrührt, ist entsprechend das Sterben von Kindern, Gatten, Eltern, Großeltern und evtl. noch von Geschwistern. Diese Reihenfolge dürfte in etwa auch den Grad des Betroffenseins widerspiegeln.[5] Die gefühlsmäßige Bindung mit diesen wenigen ist sehr fest, deswegen ist die Lösung – Trauer ist wie schon das Sterben ein Vorgang der Lösung – sehr schmerzhaft. Der Gatte für den zurückbleibenden Partner, ein Kind für die Eltern sind noch weniger ersetzbar als in früheren Zeiten. Dazu kommt, daß ein Netz von Verwandtschaft und Nachbarschaft nur noch selten beim Verlust der nächsten Angehörigen schützend auffängt. Vor allem in den Städten fehlt der Beistand der Gemeinschaft derer, mit denen man zusammenlebt[6], vielfach. Und im Bereich der Arbeit besteht in der Regel auch kein Rückhalt.

In dem theoretischen Ansatz, der u. a. mit „symbolischer Interaktionismus“ etikettiert wird und der in besonderer Weise mit dem Namen von George Herbert Mead verbunden ist, kommt dem Begriff „Selbst“ („self“) ein wichtiger

Stellenwert zu. Leider wurde in der Übersetzung der Mitschriften von Meads Vorlesungen, die Charles W. Morris unter dem Titel „Mind, Self and Society" herausgegeben hat, „self" mit „Identität" übersetzt, obwohl die beiden Begriffe nicht gleichgesetzt werden sollten[7]. Das Selbst eines Menschen ist nach Mead nicht ein autonom entwickeltes Bewußtsein, sondern es ist primär das Bewußtsein von den anderen und von ihren Ansprüchen. So schreibt Mead: „Der Einzelne erfährt sich – nicht direkt, sondern nur indirekt – aus der besonderen Sicht anderer Mitglieder der gleichen gesellschaftlichen Gruppe oder aus der verallgemeinerten Sicht der gesellschaftlichen Gruppe als Ganzer, zu der er gehört"[8]. Bei der Bildung des Selbst kommt den Familienangehörigen eine hervorragende Bedeutung zu.[9] Sie sind durch vielfältige und intensive Gefühle in dem Selbst repräsentiert, und sie prägen das Handeln des einzelnen zutiefst. Von den Mitgliedern der Familie gilt in besonderer Weise, was Mead allgemein feststellt: „Die organisierte Identität (=self, G.S.) ist die Organisation der Haltungen, die einer Gruppe gemeinsam sind... Es gibt bestimmte gemeinsame Reaktionen, die jedes Individuum gegenüber bestimmten gemeinsamen Dingen hat, und insoweit diese gemeinsamen Reaktionen im Einzelnen ausgelöst werden, wenn er auf andere Personen einwirkt, entfaltet er seine eigene Identität"[10]. Der Verlust eines wichtigen Gruppenmitgliedes, wie es ein Familienangehöriger darstellt, ist ein Eingriff sowohl in das Gefühlsleben wie in die Handlungsfähigkeit. Ein Hinterbliebener verliert einen Teil seines Selbst, denn nach Mead „kann keine scharfe Trennungslinie zwischen unserer eigenen Identität (=self, GS.) und der Identität anderer Menschen gezogen werden, da unsere eigene Identität nur soweit existiert und als solche in unsere Erfahrung eintritt, wie die Identitäten anderer Menschen existieren und als solche ebenfalls in unsere Erfahrung eintreten"[11]. Im Vorgriff auf solche Vorstellungen heißt es schon im Lied vom guten Kameraden: „als sei's ein Stück von mir".[12] Und nach einer amerikanischen Untersuchung äußerten sich besonders Männer – seltener Frauen – sie fühlten sich nach dem Tode des Lebensgefährten, „als wären mir beide Arme abgeschnitten"[13]. Trauer bedeutet dann eine schmerzhafte Neukonstitution des Selbst; Haltungen und Reaktionen müssen neu orientiert werden. Und die besondere Tragik, als die heute der Verlust eines Kindes empfunden wird, kann auch mit einem Wechselspiel der „selves", der Selbste erklärt werden, wobei den Eltern ihr Anteil am Selbst des Kindes bewußt ist, den sie mit dem Tod verloren haben und der in ihr eigenes, vom Kind geprägtes Selbst noch zusätzlich tief einwirkt.

In der Konzeption des Selbst, wie sie Mead vorgelegt hat, wird der gesellschaftliche Einfluß in besonderer Weise hervorgehoben. Lothar Krappmann hat mit „Soziologische Dimensionen der Identität" den wohl wichtigsten deutschsprachigen Beitrag zur Identitätsproblematik verfaßt; für ihn ist Identität dagegen die Leistung des einzelnen im Rahmen des sozialen Handelns[14]. Krappmann führt den Begriff der „balancierenden Identität" ein. Der einzelne balanciert „zwischen Akzeptierung angesonnener sozialer Identität und gleichzeitigem Widerstand gegen sie"[15]. Ein weiterer Aspekt der Balance ist die Zusammenordnung von vergangenen und gegenwärtigen Situationen zu einer Biographie. „Diese Biographie betont die Einzigartigkeit des Individuums, denn seine Lebensgeschichte wird als anders angesehen als die aller anderen Individuen. Zugleich wird in ihr Kontinuität unterstellt, da sie voraussetzt, daß die Ereignisse im Ablauf eines Lebens zu einer Lebensgeschichte integriert werden können, in der frühere Vorkommnisse und Erfahrungen spätere beeinflußt haben und beeinflussen werden."[16] Beide Formen der Balance sind im Zusammenhang mit der Trauer von Belang. In der Unsicherheit des Trauernden, die wir in modernen Gesellschaften werden feststellen müssen (vgl. 3.2), geht die Balance im Zweifel über das Angesonnene verloren. Und mit dem

Verlust eines Nahestehenden erfährt die Biographie einen Bruch. Sie muß mit neuen Perspektiven wieder aufgebaut werden,neu die ihr nach Krappmann konstitutive Kontinuität gewinnen.

Ein weiterer soziologischer Zugang zum Phänomen „Trauer" ist mit dem Rollenbegriff gegeben. Wie Selbst und Identität teilweise kongruente Begriffe sind, so stehen sie auch mit Rolle im Zusammenhang.[17] Das gilt besonders für das Meadsche Selbst.[18] Das Ensemble der Rollen ist das nach außen gewendete Selbst. Im Rollenhandeln kommt das Selbst zum Ausdruck. Aber in den verschiedenen Rollen, die der einzelne ausfüllt, manifestieren sich zusätzlich die auf verschiedene Positionen zielenden Richtungen des Handelns und die dem Status der Adressaten entsprechenden Eigenheiten des Handelns. Der liebevolle Gatte handelt anders als der liebevolle Vater. Dabei ist ein Rollenpartner jedoch in verschiedenen Lebenskreisen relevant. So sind durch den Verlust eines Gatten die Bereiche Haushalt, Freizeit, Sexualität, wirtschaftliche Versorgung, evtl. auch Politik und Kontakte mit Behörden, die Vertretung der Familie in öffentlichen Angelegenheiten betroffen.[19] Diese durch das Rollenhandeln des anderen belegten Sektoren bleiben leer. Sie können zwar in bestimmten Fällen quasi reflexartig weitergeführt werden. Im phasenartigen Ablauf des Trauerns (vgl. 3.3) wird diese Art der Reaktion als Ablehnung bezeichnet. Aber im Trauerprozeß, der nicht pathologisch verläuft, wird der Verlust bald wahrgenommen und die leere Stelle im Rollenensemble schmerzhaft registriert. Solche leeren Stellen können in der Biographie eines einzelnen auch in anderer Form auftreten. Arbeitslosigkeit kann solche Erlebnisse der Handlungshemmung, ein schmerzhaftes Bewußtsein, das Gewohnte nicht tun zu können, hervorrufen. Ähnliches kann schon beim Arbeitsplatzwechsel empfunden werden. Aber das alles ist in den meisten Fällen nicht mit dem Verlust eines nahen Angehörigen zu vergleichen. Arbeitnehmer wie Arbeitgeber gelten als prinzipiell austauschbar. Aber die Basis, auf der die Beziehungen etwa zwischen Gatten beruhen, sind Gefühle der Einmaligkeit des anderen; es ist dies die Liebe, die den anderen gerade als ein Individuum im Sinne der Einzigartigkeit ausgewählt hat und aus dieser Perspektive für die Dauer der Beziehung so sieht. Daher ist die Lücke für das Handeln nicht einfach durch Austausch der Individuen zu schließen. Und daher entsteht besondere Trauer über den Verlust.

3.1.2 Familie als Ort der Trauer

Nicht nur der Gegenstand der Trauer kommt – wie mit Hilfe verschiedener Ansätze gezeigt wurde – meist aus dem Bereich der engeren Familie. Dieser Bereich ist auch der Ort der Trauer. Der Tod eines nahen Angehörigen berührt in modernen Gesellschaften die Privatsphäre, und in dieser Sphäre muß getrauert werden. Richard A. Kalish und David K. Reynolds ermittelten, daß über 60% der von ihnen interviewten Einwohner von Los Angeles im Trauerfalle Hilfe bei Verwandten suchen würden; Freunde, Nachbarn, Mitglieder der Kirchengemeinde wurden in diesem Zusammenhang von etwas mehr als 20% der Befragten genannt. 8% der in die Untersuchung einbezogenen Personen, also jeder 12., wies ausdrücklich darauf hin, daß er sich an niemanden wenden würde.[20]

Aber eine vorbehaltlose Hingabe an die Trauer in der Familie ist nicht möglich. Mehr als zwei bis drei arbeitsfreie Tage nach einem Todesfall kennt kein Tarifrecht.[21] Der Trauernde muß seiner Pflicht in der Öffentlichkeit etwa als Arbeitnehmer nachgehen. David Sudnow spricht von einem „Prozeß des Hin- und Herpendelns zwischen Anlässen... bei denen man seinem Schmerz Ausdruck geben darf, und anderen, bei denen man ihn beherrschen muß“[22]. Am Arbeitsplatz weiß man oft nicht einmal etwas von der besonderen Situation, in der ein Trauernder steht, zumal Trauerkleidung oder ein schwarzes Band am Anzug aus der Mode gekommen sind. Nach der Untersuchung von Kalish und Reynolds hielten es über 50% der befragten US-Amerikaner nicht für angebracht, über den Tag der Beisetzung hinaus schwarz zu tragen. Mehr als 20% der restlichen Befragten hielten den Zeitraum zwischen einer Woche und einem Monat für die Grenze.[23] In Großbritannien gaben immerhin 20% der Befragten an, über drei Monate durch die Kleidung ihren Status als Trauernde angezeigt zu haben.[24]

Allerdings sollte auch berücksichtigt werden, daß bisweilen die Teilnahme der Umwelt als belastend empfunden wird. Sudnow berichtet von Kommunikationsproblemen, die sich einstellten, sobald die ersten Tage nach dem Todesfall vorüber waren: Kontaktpersonen, die nicht aus der engeren Familie kamen, sprachen nur zu todbezogenen Themen und warteten auf Signale des Hinterbliebenen, die eine Überleitung auf andere Gesprächsgegenstände erlaubten. Dadurch kam es zu peinlichen Situationen. Am wohlsten fühlten sich Trauernde dann im Rahmen der engeren Familie.[25] Prinzipiell ist es für einen Hinterbliebenen übrigens auch schwer, wenn ihm Beileidsbezeugungen entgegengebracht werden und er als Trauernder reagieren muß, wenn er keine Trauer fühlt, z.B. wenn er dem Verstorbenen schon zu dessen Lebzeiten lange entfremdet gewesen war. Dann, aber nur dann kommt es zur Trauer als Norm, wie sie Emile Durkheim beschrieb: „Die Trauer ist keine natürliche Bewegung der persönlichen Sensibilität, die durch einen grausamen Verlust hervorgerufen wurde: sie ist eine Pflicht, die von der Gruppe auferlegt wird. Man klagt nicht, weil man traurig ist, sondern weil man die Pflicht hat, zu klagen“[26].

In unserer Gesellschaft steht das Normative der Trauer selten im Vordergrund, und Trauer bereitet in den Fällen des Verlustes nächster Verwandter meist wirklich Schmerz.

Dann kann der Verzicht auf für andere erkennbare Zeichen einer besonderen Situation auch mit einer (oft falschen) Rücksicht zu tun haben: Hinterbliebene wollen die Menschen in ihrer Umgebung von einem der Trauersituation entsprechenden Verhalten oder auch von Zweifeln über ein richtiges Verhalten ihnen gegenüber dispensieren. Deshalb signalisieren sie häufig selbst demjenigen, der um den Trauerfall weiß: „Tu so, als sei nichts geschehen." Man will nicht zur Last fallen. Man weiß aus eigener Erfahrung, als wie peinlich Gespräche mit Trauernden empfunden werden. Zum Beispiel: Wie soll man sich einem Weinenden gegenüber verhalten? Diese Haltung wird durch die Aussage einer englischen Witwe illustriert, die zu Geoffrey Gorer über ihre Nachbarn und Freunde sagte:

> *„Sie fühlten sich vielleicht ein bißchen verlegen; ich hatte mich ein bißchen verlegen gefühlt. Wenn ich früher mit Leuten zusammentraf, dachte ich ‚Du liebe Zeit, was soll ich sagen? Soll ich wegschauen?', und ich denke, meine Nachbarn fühlten dasselbe... Ich denke, die Leute sind verlegen, wenn man mit ihnen spricht. Sie fühlen, daß sie etwas sagen müßten, und sie wissen nicht recht, was sie sagen sollen"*[27].

3.2 Gewohnheiten, Bräuche und Riten in der Trauerzeit

Gerade die bei Gorer wiedergegebenen Bemerkungen einer Witwe machen deutlich, daß auch die Trauerzeit durch Verhaltensunsicherheiten gekennzeichnet ist. So wie das Sterben ist auch das Trauern in modernen Gesellschaften kaum durch eingelebte Verhaltensweisen, Bräuche, Sitten oder gar Riten gesichert[28].

Lediglich die Beisetzung, vor allem die mit geistlicher Leitung, ist ein weit verbreiteter Ritus im Anschluß an den Tod (vgl. 3.7). Zu den Bräuchen gehört das Aufgeben einer Todesanzeige (vgl. dazu 3.8.3), evtl. noch das Empfangen von Trauerbesuch. In protestantischen Gegenden ist es üblich, daß der Pastor unmittelbar nach einem Todesfall die Hinterbliebenen aufsucht. Dabei wird der Besucher über Eigenarten des Toten informiert, um in der Ansprache während der Beisetzung den Verstorbenen würdigen zu können.[29] Erwähnenswert ist ferner eine Zusammenkunft der Angehörigen, die sich häufig an die Beisetzung anschließt (vgl. 3.7.1).

Relativ feste Muster scheinen für das Überbringen einer Todesnachricht durch einen Arzt und das Entgegennehmen dieser Nachricht zu bestehen. In fast allen Gesprächen, die Sudnow beobachtete, kehrten drei Fragen der Hinterbliebenen wieder: Sie betrafen die Ursache des Todes, die Schmerzen beim Sterben und die Vermeidbarkeit des Todes. Wie stereotyp diese Gespräche abliefen, zeigt die Beobachtung, daß die Frage nach Schmerzen von den Ärzten stets verneint wurde und daß dies von den Angehörigen auch dann akzeptiert wurde, wenn sie vom Gegenteil wußten.[30]

Vorstellungen bestehen weiter über den Kreis der persönlich zu Benachrichtigenden. In der Reihenfolge der Benachrichtigungen kommt die Bedeutung verschiedener Personen für den Verstorbenen zum Ausdruck.[31]

Riten erlauben nach Ansicht des Ethnologen Alfred Reginald Radcliffe-Brown den Ausdruck der Gefühle, bewirken Anteilnahme und bilden ein System gegenseitiger Verbundenheit; dies wiederum trägt nicht nur – was Radcliffe-Brown betont – zur Stabilisierung des sozialen Systems bei[32], sondern auch zur Wiedererlangung des emotionalen Gleichgewichts beim trauernden Individuum. Für die eigentliche Trauerzeit existieren in modernen Gesellschaften kaum Riten. Hier sind allenfalls die in katholischen Gegenden üblichen Gedenkgottesdienste während der Trauerzeit zu nennen, die am dritten, siebten und dreißigsten Tag nach dem Begräbnis gefeiert werden. Der Theologe Paul Michael Zulehner kommentiert: „Die Messe am dreißigsten Tag nach dem Begräbnis fällt in eine Zeit, in der die volle Wucht der Trauer auf den Hinterbliebenen lastet ...“[33].

Gorer berichtet über die Trauerriten bei den orthodoxen Juden in Großbritannien und zeigt die therapeutische Wirkung der Trauerwoche (shive) auf, in der sich die Hinterbliebenen ganz auf den Verlust konzentrieren. Sie dürfen nichts arbeiten, sie werden gefüttert, und sie erfahren so „handgreiflich“ die Unterstützung der Gemeinschaft.[34] Solche Sitten ermöglichen eine zeitlich begrenzte Trauer („time-limited mourning“[35]). Ähnliches gilt für viele Sitten zwischen erster und zweiter Bestattung in Naturvolkgesellschaften (vgl. 2.3.1). Sie werden um der Toten willen eingehalten, dienen aber der Bewältigung der Trauer.[36] Man hat die in den USA üblichen Nachtwachen bei dem

Toten mit der Zeit zwischen erstem und zweitem Begräbnis verglichen.[37] Doch ist die Zeit zu kurz, um das Durchleben der Trauer zu ermöglichen.

Auch für den Abschluß der Trauerzeit fehlen Riten und Bräuche in unseren Gesellschaften weitgehend. Die zweite Bestattung ist ein solcher abschließender Ritus.[38] Sie ist ein Dienst für den Toten, signalisiert jedoch auch den Lebenden das Ende der Trauerzeit. Am ehesten läßt sich die wieder in manchen katholischen Gegenden Deutschlands zu beobachtende Sitte, zum ersten Jahrestag des Todes einen Gedenkgottesdienst zu feiern, mit dem zweiten Begräbnis vergleichen.

Als Kontrast zum heute als durchschnittlich anzunehmenden Ablauf des Geschehens beim und nach dem Tod eines Angehörigen sollen in Anlehnung an eine Schrift von Nikolaus Kyll mittelalterliche Bräuche aus dem Trierer und Luxemburger Raum geschildert werden[39]. Die Arbeit Kylls bezieht sich vor allem auf das Visitationshandbuch des 915 verstorbenen Regino von Prüm. In jener Zeit wurde der Sterbende aus seinem Bett in ein Strohlager auf dem Fußboden verlegt. Dieses Stroh wurde später verbrannt; das ist ein erster Hinweis auf die Gefahr, die nach Ansicht der Zeitgenossen vom Toten ausging. Der Priester spendete dem Sterbenden die Sakramente, und es wurde gebetet. Die Hinweise auf die Sterbehilfe sind spärlich. Nach dem Eintritt des Todes wurde der Leichnam gewaschen und mit dem besten Gewande bekleidet. Im Anschluß daran richtete man auf einer Strohschütte im Wohnhaus das „Leichenlager" her. Dort fand bis zur Beerdigung die „Leichenwache" statt, an der sich neben Verwandten und Nachbarn manchmal auch die Dorfarmen beteiligten. Der Tote wurde als jemand betrachtet, der in seinem Zustand Anspruch auf die Anwesenheit der Nahestehenden hat. Man schirmte durch die Nachtwache den Verstorbenen vor dem Teufel oder bösen Geistern ab. Man mußte sich aber auch vor dem Toten schützen. Bei ihm wachen, hieß dementsprechend, in seiner Anwesenheit nicht schlafen zu müssen. Die Geistlichen kämpften gegen Lieder und Tänze während der Totenwache, gegen übermäßiges Essen und Zechen. Von Trauerbezeugungen ist nicht die Rede; allzu viel Weinen hätte nach damaliger Ansicht auch die Ruhe des Toten gestört. Für Menschen, die tief betroffen waren, konnte die Leichenwache zu einer Belastung werden, wie dies in einer Legende von einer Mutter berichtet wird, die ihr einziges Kind verloren hatte. Am dritten Tag nach dem Tod fand die kirchliche und familiäre Begräbnisfeier statt. Am 3., 7. und 30. Tag nach dem Begräbnis wurden Messen gelesen. Auch bei jeder dieser Gelegenheiten trafen sich die Familie und die Nachbarn zu einem Mahl. Bisweilen findet man behördliche Klagen über Mißbrauch, wie etwa drei bis vier Tage dauernde Mähler.

Im Kontrast zu dem eben Geschilderten erweist sich das Trauern in unserer Gesellschaft als ein von zwei Seiten zusätzlich belasteter Vorgang. Die besondere Qualität der Bande mit dem zu Betrauernden hat oft eine besonders schmerzhafte Lösung zur Folge. Davon ist bei Kyll wenig die Rede. In dieser schwierigen Situation stehen dem heutigen Trauernden kaum Verhaltensmuster und Helfer zur Verfügung, mit deren Hilfe er die Trauer bewältigen kann. Der Hinterbliebene des Mittelalters dagegen kannte seine Pflichten genau, und seine Familie, ja z. T. die Dorfgemeinschaft standen ihm zur Seite.

Es wären in unserer Zeit rites de passage notwendig, die auch andere Übergänge im Leben begleiten, die einen Neuaufbau der Identität verlangen.[40] In den USA wird die Hilfe oft beim Psychiater gesucht. Unbewältigte Trauer ist angeblich ein häufiger Behandlungsgrund. Die psychiatrische Behandlung ersetzt dann eingelebte Trauerbräuche, die wesentlich zu einer Kanalisierung der Trauer beitrugen.

Bräuche als durchgehend eingehaltene und als Sicherung empfundene Verhaltensweisen lassen sich nur schwer „machen". Bemühungen, die in diese Richtung zielen und die als eine Art Voraussetzung für die Entstehung neuer Verhaltensweisen angesehen werden können, werden heute mit dem Begriff „Bewußtseinsbildung“ etikettiert. So wurde direkt – z.B. durch Anzeigenkampagnen, Bereitstellung von Broschüren usw. – oder indirekt – z.B. durch Thematisierung in Fernsehspielen, durch Spendenaufrufe usw. – bewußteres Verhalten gegenüber Behinderten gefördert. Auch Trauernde müßten in diesem Sinne Objekte solcher Bewußtseinsbildung werden. Voraussetzung für einen bewußten, einfühlenden Umgang mit einem Trauernden wäre aber wieder die Kennzeichnung dieser Personen, damit deren Zustand Rechnung getragen werden könnte. Intentionen dieser Ausführungen bringt auch das folgende Zitat aus einer Schrift des Psychiaters K. R. Eissler zum Ausdruck:

> „*Trauern kann leicht gestört werden; wie in früheren Zeiten ein Leprakranker sein Kommen mit einer Glocke ankündigte, so sollten die äußeren Zeichen der Trauer eines Menschen signalisieren, dessen Zustand Takt und Behutsamkeit verdient, damit ihm kein zeitweiliger oder dauernder Schaden zugefügt wird*“[41].

Auch Eissler sieht die Trauer als eine extrem starke Belastung und rückt zudem mit dem Begriff „Schaden“ die ernsten Folgen in den Vordergrund, die eine „gestörte“ Trauer nach sich ziehen kann. Hier treten neue Fragestellungen auf: Welche Schäden können erwachsen? Was ist eine „normale“, was ist eine „gestörte“ Trauer? Vor einer Erörterung möglicher Schäden soll zunächst ein Modell des Trauerverlaufs vorgestellt werden, das die Phasen des Trauerns beschreibt, die im Durchschnitt der Fälle erlebt werden.

3.3 Phasen des Trauerns

Ein einfaches Modell des Ablaufs von Trauer umfaßt drei Stufen.[42]

Die Eingangsstufe beginnt mit *Schock* und *Apathie*. Diese Reaktionen auf den Verlust können ein paar Stunden bis wenige Tage andauern. Es schließt sich die sog. *Ablehnung* an, die auch in der zweiten Phase immer wiederkehren wird. Ablehnung bedeutet, daß man so handelt, als ob der Tote noch lebe. Häufig kommen in diesem Zusammenhang Halluzinationen vor, während derer man den Verstorbenen hört oder gar sieht. So beschrieben Mütter gestorbener Kinder, wie sie diese deutlich schreien oder – bei älteren Kindern – ihre Platten spielen hörten. In diese Eingangsstufe gehören auch jene Zeiten der *Beherrschung*, in denn Kontakte mit Behörden u.a. – Richard A. Kalish meint zu Recht, der Tod sei „in a web of bureaucracy"[43] eingebunden – sowie die Beisetzung stattfinden. Lily Pincus sieht diese Zeiten als eigene Phase, die sich an die des Schocks anschließt.[44]

Den größten Teil der Trauerzeit füllt die zweite Phase aus, die als *Desorganisation* bezeichnet werden soll.

Häufig beobachtet wird in diesem Zeitraum eine intensive Beschäftigung mit den Hinterlassenschaften des Verstorbenen, die über das „Ordnen" oder das Inbesitznehmen hinausgeht. Die Dinge stehen für die Personen bzw. die Erinnerungen an sie. Es sind zwei gegensätzliche Reaktionsweisen möglich: Wegschaffen aller Gegenstände, die an den Verstorbenen erinnern, oder ein starres Konservieren des Zustandes. Typisch ist ferner relativ oft vorkommendes Weinen; andere Formen, die „Fassung zu verlieren", sind Wortkargheit, ständige Wiederholung bestimmter Vorkommnisse im Zusammenhang mit dem Todesfall, Meiden von Personen.

Weiter wird Verweigerung von Essen beobachtet, was zu starken Gewichtsverlusten führen kann. Vielfach klagen Hinterbliebene über Schlaflosigkeit, denn gerade in der Nacht steigen wieder Erinnerungen empor, die während der Aktivitäten des Tages zurückgedrängt worden waren. Im ganzen weisen Trauernde oft einen schlechten Gesundheitszustand auf. Häufige Symptome sind Kopfweh und Muskelschmerzen. Trauernde leiden bisweilen an der gleichen Krankheit wie der Verstorbene. In einer amerikanischen Untersuchung wurden 86 Witwer und Witwen unter 45 Jahren mit 86 Personen verglichen, die in verschiedenen Merkmalen (z.B. Alter, Geschlecht) mit ihnen übereinstimmten, aber nicht verwitwet waren. Die Verwitweten verbrachten viermal häufiger als die Angehörigen der Kontrollgruppe eine Zeit im Jahr nach dem Todesfall im Krankenhaus, sie suchten häufiger Hilfe bei Geistlichen, Psychiatern und Sozialarbeitern.[45] Bei den psychischen Krankheiten, die ebenfalls übermäßig häufig diagnostiziert werden, dominiert nach einer englischen Untersuchung die Depression.[46]

Nach Trauerfällen sind ferner eine überdurchschnittlich hohe Mortalität durch Krankheit und erhöhte Suizidraten bei den Hinterbliebenen zu beobachten. Dies wird besonders deutlich durch die Ergebnisse einer großangelegten Studie dokumentiert, die D.N. McNeill im US-Bundesstaat Connecticut durchführte und die 9000 Witwer und Witwen, die 1965 den Ehegatten verloren hatten, einbezog.[47] Bei Witwern betrug die Sterblichkeit innerhalb der ersten sechs

Monate nach dem Todesfall das 3,7fache des Normalwertes bei Gleichaltrigen, bei Witwen das Zweifache. Jedoch wurde dieser letzte Wert für den Zeitraum von einem halben bis eineinhalb Jahren nach dem Tod des Gatten ermittelt. Je jünger eine Witwe war, desto gefährdeter war sie.[48] Bei Witwen zwischen 20 und 29 Jahren erhöhte sich die Sterblichkeit um das Siebenfache des Normalwerts. Bei Witwern fiel als Todesursache der Selbstmord auf. Er trat zwölfmal häufiger auf als erwartet. Ferner führten bei Witwern Krankheiten des Kreislaufs viermal häufiger als bei Gleichaltrigen zum Tod. Die Vorstellung, jemand sterbe an gebrochenem Herzen, ist also eine Weisheit des Volksmundes. Auffällige Todesursachen bei Witwen waren Leberzirrhose und Alkoholismus (6,5mal häufiger als erwartet), Herzkrankheiten (2,3mal) und Krebs (2,0mal).

Die Gemütszustände, die während der Phase der Desorganisation auftreten können, lassen sich folgendermaßen[49] charakterisieren:

- Depression: Sie ist ein Gefühl der Leere und der Hoffnungslosigkeit.
- Angst (bei völliger Realisierung des Verlustes): Man fürchtet sich vor Einsamkeit, vor neuer Verantwortlichkeit, vor aggressiven Gedanken, ja vor dem eigenen als anormal empfundenen Zustand.
- Aggression: Sie richtet sich gegen alle, die am Tod schuld sein könnten, gegen Verwandte, Ärzte, Schwerstern, Gott. Die Aggression kann sich aber auch gegen den Toten richten, von dem man verlassen wurde.
- Einsamkeit: Das Gefühl, alleingelassen zu sein, kommt meist erst während dieser Phase auf[50].
- Schuld: Man glaubt, nicht alle Maßnahmen ergriffen zu haben, die den Tod hätten verhindern können; man glaubt, nicht genug Liebe im Leben gezeigt zu haben oder gar der Grund des Todes zu sein. Schuldgefühle können aber auch aufkommen, wenn es dem Trauernden gelingt, seine Niedergeschlagenheit zu überwinden

und sich evt. sogar in eine Hochstimmung, in die von Sigmund Freud schon genannte Manie[51] zu steigern. Eine solche Hochstimmung wird im nachhinein als unangemessen empfunden.

Die dritte Phase ist die Phase der *Reorganisation.* Aus der Sicht des Soziologen ist diese Phase abgeschlossen, wenn folgende Ziele[52] erreicht sind:

1. „... *Lösung der Beziehungen zu dem Verstorbenen* und zugleich die Etablierung neuer, imaginär-sozialer Beziehungen mit dem weiterlebenden Toten."[53] Man erinnert sich zwar noch, und zwar häufig von schmerzlichen Empfindungen begleitet, an den Toten. Aber diese Situation des Erinnerns ist nicht vom Gefühl der Hilflosigkeit begleitet. Man kommt ohne den Verstorbenen aus. Eine gewisse Distanzierung ist eingetreten.[54] Kalish vergleicht die Trauer um einen verstorbenen Gatten mit der vorehelichen Werbung; für ihn ist Trauer umgekehrte Werbung. In der Zeit der Werbung verstärkten sich die Gefühle für den Partner, in der Trauer nimmt die Gefühlsintensität ab.[55] Hier bietet sich auch der interaktionistische Ansatz an: Die Komponenten des Selbst, die von der verstorbenen Person bestimmt waren, sind nicht mehr handlungsrelevant. Der Hinterbliebene ist wieder vollständig aktionsfähig. Seine Identität tendiert – im Sinne Krappmanns – zur Balance: Der einzelne kann sich wieder angesichts sozialer Ansprüche und eigener Bedürfnisse sicher darstellen. Seine Biographie hat wieder „Linie", der Riß ist überbrückt.

Für die Erörterung der zwei weiteren Ziele bietet sich eine rollentheoretische Perspektive an.

2. *Verflüchtigen wichtiger Trauersymptome.* Trauer beinhaltet tiefe Beziehungen zum und weitgehende Annäherung an den Toten. Alois Hahn weist darauf hin, daß „der Wunsch der Lebenden, einen der ihren nicht zu verlieren, entsprechend auch auf den Toten projiziert wird"[56]. In vorindustriellen Gesellschaften war die Folge einer solchen

Projektion eine intensive Totenfurcht; den starken Wünschen der Gestorbenen, die Angehörigen nach sich zu ziehen, mußte rituell entgegengetreten werden. Aber auch in anderer Hinsicht erfolgt eine Annäherung an den Toten, und zwar erfolgt sie freiwillig. Werner Fuchs macht darauf aufmerksam, daß der Trauernde bestimmte Aspekte der Totenrolle übernimmt.[57] Das Tragen der Trauerkleidung sondert ihn aus seiner Umgebung aus. Trauer behindert die Teilnahme an verschiedenen sozialen Aktivitäten. Trauernde ziehen sich oft aus dem Kreis der Freunde, Bekannten und Nachbarn zurück und ähneln darin dem Toten. Deutlicher wird die Nähe zur Totenrolle bei einer Ohnmacht anläßlich des Erhalts einer Todesnachricht und bei trauerbedingter Krankheit; und die Distanz zum Toten wird aufgehoben, wenn der Trauernde „nachstirbt". Die Quasi-Rückkehr zur Welt der Lebenden geschieht mit dem Ablegen der Trauerkleidung und einem weitgehenden Schwinden all der gesundheitlichen Beeinträchtigungen, die ein Trauerfall mit sich bringt. Von besonderer Bedeutung ist die Wiederaufnahme der sozialen Kontakte und der gewohnten Tätigkeiten. Delia Battin u.a. befragten 58 Hinterbliebene, die sich innerhalb des Trauerprozesses für eine kurze Zeit einer psychotherapeutischen Behandlung unterziehen mußten, innerhalb von drei Monaten nach dem Todesfall (T^1), nach 6 Monaten (T^2) und nach drei bis fünf Jahren (T^3) zu bestimmten Aktivitäten. Dabei zeigte sich deutlich jener Prozeß der Hinwendung zur Außenwelt und der Zunahme von wohl meistenteils vor dem Trauerfall üblichen Gewohnheiten (vgl. Tabelle 6).

3. *Eine Anpassung der Beziehungskreise an die neue Situation.* Zentral ist in diesem Zusammenhang die Gestaltung des Familienlebens. Denn in der Phase der Reorganisation müssen die Rollen innerhalb der Familie neu verteilt werden. Hier kann man z.B. an die Sitte innerhalb größerer Familienverbände denken, den ältesten Sohn als Familienoberhaupt einzusetzen. Nicht immer sind Familienmitglie-

Tabelle 6: Häufigkeit von sozialen Aktivitäten in Anschluß an einen Todesfall[58]

Aktivität	Prozentsatz der Probanden, die die Aktivität ausführten T^1	T^2	T^3
Ausgehen	53	83	100
Fernsehen	40	83	100
Kinobesuch	5	14	55
Treffen mit Freunden	45	72	92
Besuche	59	83	98

der willens oder in der Lage, neue Situationen zu akzeptieren oder neue Rollen zu übernehmen. Oft zerbrechen auch Familien nach einem Trauerfall, z.B. wenn Kinder den neuen Partner des überlebenden Elternteils ablehnen. Schwierig ist die Übernahme emotionaler Rollen wie z.B. die der Mutter. Gibt es etwa die ältere Schwester, die diese Rolle für kleinere Kinder übernehmen kann? Oder übernimmt diese Rolle eine Stiefmutter? Bei der geringen Größe vieler Familien kann es sich in solchen Fällen positiv auswirken, wenn keine allzu stark ausgeprägten geschlechtsspezifischen Rollenmuster entwickelt werden. So kann etwa auch ein Vater, der seine Herzlichkeit und Zärtlichkeit auszudrücken vermag, zumindest für eine bestimmte Zeit die Mutterrolle übernehmen. Problematisch wird diese Neuordnung der Beziehungskreise besonders für Alleinstehende. Wer soll die Rolle des Partners übernehmen, besonders wenn ein Hinterbliebener keine Chance einer neuen Partnerfindung besitzt oder wahrnimmt? Hier zeigt sich eines der Probleme, die besonders die verwitweten Hinterbliebenen sehr oft betreffen. Denn für Witwer und besonders Witwen kann der Verlust des Ehepartners in mehrerer Hinsicht zusätzlich belastend sein. Ein besonderes Augenmerk auf diesen relativ großen Anteil an der Bevölkerung ist angebracht (vgl. 3.4).

Für die hier skizzierten Phasen des Trauerns gilt, was für die Phasen des Sterbens festgestellt werden mußte: Die Stadien lassen sich nicht eindeutig trennen, sie folgen nicht notwendig aufeinander; nicht jeder Trauernde durchlebt alle Stadien[59].

3.4 Probleme der Verwitwung

Das Problem der Verwitwung ist vor allem ein Problem der Witwen. Das gilt zunächst in quantitativer Hinsicht. 9% der Gesamtbevölkerung in der Bundesrepublik Deutschland waren 1975 verwitwet; das waren 5 359 616 Personen. 86% (1975: 4 586 204) dieser über 5 Millionen Menschen waren Frauen. Und unter den Witwen waren wiederum 85% (1975: 3 744 807) zwischen 60 und 90 Jahre alt.[60] Es sind also vorwiegend ältere Frauen, die neben den Beschwernissen des Alters noch den Verlust des Ehepartners ertragen müssen.

Witwen haben auch größere finanzielle Einbußen hinzunehmen als Männer; die derzeit noch geltenden Regelungen der Witwenrenten machen weitere Ausführungen dazu überflüssig.[61]

Die Stellung der Witwe wird in vielen Gesellschaften als problematisch angesehen.[62] Die Witwenverbrennung ist ein extremer Ausdruck dafür. In manchen Gesellschaften gelten Witwen als unrein und müssen sich in besonderer Weise ankündigen, damit man sie fliehen kann. Solche Stigmatisierung ist unseren Gesellschaften fremd. Aber Ansätze dafür finden wir. Witwen wird weniger Hilfe zuteil als männlichen Verwitweten.[63] Für die USA wurde festgestellt, daß sich Familienangehörige und Freunde mehr um Witwer kümmern als um Witwen. Witwen suchen Unterstützung beim Arzt und Sozialarbeiter. Lediglich bei Seelsorgern findet man keine Unterschiede im Maß des Beistandes.[64]

Frauen bleiben häufiger auf Lebenszeit verwitwet als Männer. Besonders ältere Witwen haben wenig Chancen der Wiederverheiratung. Es ist aber dennoch wichtig, im Verlauf der Trauer neue Bekanntschaftszirkel zu erschließen. Dabei ist die einzelne Witwe auf ihre eigene Initiative verwiesen, da institutionelle Regelungen fehlen, wie sie z.B. die Beginen darstellen[65]. Pincus berichtet von den Witwen in portugiesischen Fischerdörfern, die sich in gleicher Weise kleiden, das Andenken ihrer Männer gemeinsam wachhalten und so einen neuen Platz in ihrer Gesellschaft finden.[66] Hier besteht der neue Lebenskreis aus anderen Witwen. Das gilt vielfach auch für verstädterte Industriestaaten. Die Witwe hat sich in eine „Gesellschaft der Witwen"[67] zu begeben. Schwierig sind Freundschaften mit Ehepaaren. Die Witwen haben in diesem Fall das Gefühl, das fünfte Rad am Wagen zu sein; sie fürchten oder erregen die Eifersucht der Ehefrau und erleben fragwürdige Anträge von Freunden der Ehemänner.[68]

Spezielle Probleme haben jüngere Witwen. Ihre Chancen zur Wiederverheiratung sind zwar besser, aber ihnen fehlen Zirkel von Personen mit ähnlichem Schicksal in adäquatem Alter. Bei freundschaftlichen Beziehungen zu geschiedenen Frauen stört oft, daß die Einstellung zum verstorbenen Ehemann bei der Witwe sehr viel positiver ist als die Einstellung der geschiedenen Frau zum Ex-Gatten.[69]

3.5 Spezielle Formen der Trauer: Verzögerte Trauer – Antizipierte Trauer – Trauer nach einem Massentod

Bleiben Reaktionen der Trauer aus, so ist die Meinung der Umwelt nicht eindeutig vorauszusagen. Man kann dem Hinterbliebenen eines Toten in diesem Fall „Herzlosigkeit" vorwerfen. Aber es ist auch möglich, eine solche Reaktion als Charakterstärke zu interpretieren, als Fähigkeit, sich nicht gehen zu lassen. In einem Essay behauptet Gorer, Zurückhaltung im Ausdruck der Trauer sei eine Verhaltenserwartung in der modernen Zeit.[70] Philippe Ariès relativiert diese Aussage, indem er diesen Standard nur für Mittelschichten im angloamerikanischen Raum gelten läßt.[71] Dafür sprechen auch Daten, die Reynolds und Kalish vorgelegt haben.[72] Robert J. Kastenbaum nimmt insbesondere für Männer an, sie zeigten nach außen hin wenig Zeichen der Trauer.[73] Die Konsequenzen eines solchen Verhaltens können problematisch sein.

Freud sieht die Trauer als Krankheit an.[74] Akzeptiert man diese Klassifikation, so ist anzunehmen, daß Trauer auch dann zutagetritt, wenn man sie zu unterdrücken sucht. Selbst wenn man Freuds Zuordnung nicht gelten läßt, so erscheinen Schilderungen von Medizinern glaubwürdig, in denen aufgezeigt wird, daß verzögerte Trauer in vielen Fällen zu Reaktionen führen kann, die für den Hinterbliebenen bedrohlicher sind als ausgelebte Trauer. Charles E. Hollingsworth und Robert O. Pasnau nennen als Symptome für verzögerte Trauer dauernde Übererregtheit, Schwäche, körperliche Schmerzen oder Furcht vor der Konfrontation mit dem Verlust.[75] Das Ausweichen kann zu aufreibender Rastlosigkeit führen, die sich in ständigen Reisen oder übertriebener Arbeitsamkeit äußern kann. Auf diese Weise kann die Trauer jahrelang hinausgeschoben werden. Bisweilen treten heftige Symptome der Trauer erst zur Zeit auf, in der der Hinterbliebene so alt wird wie die Person, die verstarb. Im Extremfall wird die Trauer nie ausgelebt. Hollingsworth und Pasnau warnen in diesem Zusammenhang davor, dem gutgemeinten Wunsch Sterbender zu entsprechen, nach ihrem Tod nicht um sie zu trauern. „Sich vorzutäuschen, der Tod habe nicht stattgefunden und die ganze Familie sei glücklich, ist weder realistisch noch ehrenwert oder gesund."[76]

Die Trauer mit allen oder vielen der genannten Symptome tritt häufiger bei plötzlichem Tod als nach einem langen Sterben auf. Wenn den Angehörigen bekannt ist, daß die Krankheit in absehbarer Zeit zum Tode führen wird, kann es zur sog. antizipierten Trauer kommen.[77] Viele der angeführten Symptome erscheinen während der Zeit des Krankenlagers, der Schock z.B. bei der ersten Mitteilung über die Situation des Kranken; Angst und Depression kehren während des Krankheitsverlaufs immer wieder. Ein langes Sterben kann dazu führen, daß Angehörige nach dem Eintreten des Todes erleichtert sind, weil eine aufreibende Zeit zu Ende ist. Allerdings kann eine solche Reaktion auch starke Schuldgefühle hervorrufen. Prinzipiell erleichtert die vorgezogene Trauer jedoch die Bewältigung eines Verlusts. Das scheint besonders für jüngere Hinterbliebene zu gelten.

Besondere Probleme bringt die Trauer nach einem Massensterben mit sich, wie es bei Naturkatastrophen (z.B. Erdbeben), Unglücken im Zusammenhang mit technischen Großanlagen (z.B. Dammbruch) oder speziellen Kriegssituationen (z.B. Abwurf der Atombombe auf Hiroshima und Nagasaki) vorkommt. Als erste Reaktion wurde oft eine Art psychischer Erstarrung festgestellt, die dem Schock bei Trauer nach dem Verlust eines einzelnen Menschen ähnelt, aber noch auffälliger ist. Als besonders gravierend aber erweisen sich Schuldgefühle. Kaum zu bewältigen sind solche Gefühle, wenn sie auf der Annahme basieren, man habe durch sein eigenes Verhalten einen Angehörigen in den Tod getrieben. Hier ist die Gewißheit, den Tod verursacht zu haben, oft stärker als etwa nach einem Tod im Krankenhaus, wenn sich der Hinterbliebene vorwirft, nicht die richtige Klinik gewählt zu haben u.ä.. Die Schuldgefühle von Japanern, die den Atombombenabwurf auf Hiroshima und Nagasaki überstanden hatten, während Angehörige und Nachbarn umgekommen waren, waren von den Fragen beherrscht: Warum bin gerade ich verschont worden? Wer mußte sterben? Vielleicht gerade für mich?[78] Wie schwierig die Situation von Überlebenden allgemein ist, soll die Zusammenfassung einer Untersuchung von Personen zeigen, die dem sog. Buffalo Creek disaster von 1972 entkommen waren, einem Dammbruch, der von einer Wasser- und Schlammwelle verursacht worden war. „Traumatisch-neurotische Reaktionen wurden bei 80% der Überlebenden gefunden. Dem klinischen Bild lagen unerledigte Trauer, Überlebensscham und Gefühle ohnmächtiger Wut und Hoffnungslosigkeit zugrunde. Diese klinischen Befunde dauerten noch zwei Jahre nach der Flut an ...“[79]

3.6 Gefahren des Trauerns und Hilfen für den Trauernden

Trauern kann pathologische Formen annehmen. Doch ist es, wie bei anderen Krisen, schwierig, pathologische von „normalen“ Verläufen zu trennen, zumal auch die „normalen“ Verläufe in großer Vielfalt auftreten. Die folgenden Versuche, pathologische Formen des Trauerns zu beschreiben, zeigen diese Schwierigkeit.

Erich Lindemann nennt folgende Symptome pathologischen Trauerns:

1. Hyperaktivität ohne Gefühle des Verlustes,
2. Erscheinen von Symptomen der Krankheit, an der der Betrauerte starb,
3. Magengeschwüre, Asthma und Arthritis,
4. Rückzug von Freunden und Bekannten,
5. ausgeprägter Zorn im Zusammenhang mit dem Tod,
6. Starre des Ausdrucks und der Bewegungen,
7. zu starke Anlehnung an andere und die Vermeidung von Alleinsein,
8. törichtes wirtschaftliches Gebaren (z.B. Verschleudern von Eigentum),
9. Abreaktion durch psychotische Depressionen mit Spannungen, Schlaflosigkeit, Gefühlen der Wehrlosigkeit usw.[80]

Nach Hackett dauert die Trauer vier bis zwölf Wochen. Hält sie länger an, ist dies schon ein Anzeichen pathologischer Trauer. Weitere Anzeichen sind nach Hackett: falsche Euphorie, selbstzerstörerische Antriebe, Überreaktion auf die Gefährdung anderer, Entwicklung von Symptomen des Verstorbenen, unsagbare Trauer zu bestimmten Zeiten des Jahreslaufs.[81]

Verschiedene Anzeichen, die von Lindemann und Hackett genannt werden, gehören m.E. zu einem „normalen" Trauerverlauf. Dazu zählen z.B. Zorn, Rückzug von Freunden und Bekannten, ja selbst depressive Zustände. Ferner ist die Trauerzeit von Hackett zu kurz angesetzt. Die Dauer der Trauerzeit ist zwar prinzipiell unterschiedlich lang. Sie variiert je nach Tiefe der Bindung an den Verstorbenen, Möglichkeiten von neuen Bindungen, Lebensalter (jüngere trauern häufig kürzer[82]) usw. Aber Daten über erhöhte Sterblichkeit nach dem Verlust eines Ehepartners weisen in die Richtung, eher das Trauerjahr im traditionellen Sinne als Maßstab einer noch angemessenen Spanne für normale Trauer anzunehmen, So wurde festgestellt, daß die um 40% überhöhte Sterblichkeit von Witwern sich ein halbes Jahr nach dem Tod der Ehefrau wieder an das Niveau nichtverwitweter Männer anglich.[83] Trotz eines gewissen Abschlusses der „Trauerarbeit" können immer wieder starke Trauersymptome auftreten. Z.B. am Todestage oder Geburtstage des Verstorbenen geraten Hinterbliebene häufig wieder in tiefe Depressionen. Auch dies muß nicht, wie Hackett annimmt, ein Ausdruck pathologischen Trauerns sein.

Es drängt sich der Eindruck auf, daß Lindemann und Hackett normale Trauer als einen recht reibungslos ablaufenden Prozeß sehen. Noch weitere von ihnen als Indikatoren für einen pathologischen Verlauf genannte Symptome werden im Rahmen einer durchschnittlichen Trauer, die wir hier mit einer normalen gleichsetzen wollen, auftreten. Das gilt für Hyperaktivität, Überreaktion auf die Gefährdung anderer (man hat ja gerade jemand verloren!), ja selbst für das Auftreten von Symptomen der Krankheit, an der der Verstorbene litt. Die Trauer *ist* pathologisch, wenn der Hinterbliebene an einem Symptom so stark leidet, daß er quasi überwältigt wird, keinen Ausweg mehr sieht oder sich gar in den Suizid getrieben fühlt. Bei normalem Trauerverlauf muß der Trauernde sich von seinen Vorstellungen, er leide an derselben Krankheit wie der Verstorbene, von Depressionen und Zorn lösen. Sie ist auch pathologisch, wenn der Trauernde auf einer Stufe der Trauer stehenbleibt. In diesem Sinn ist verzögerte Trauer, die sich in jahrelanger Hyperaktivität ohne Gefühle des Verlustes äußert, pathologisch. Verharrt der Trauernde im Schock der Eingangsphase, bleibt auf die Dauer oft nur die Alternative: psychiatrische Behandlung mit Erfolg oder Apathie, die im Dahinsterben enden kann. Der Hinterbliebene kann auch mit dem Toten leben, als sei er nicht gestorben. Königin Victorias Verhalten nach dem Tod ihres Gatten ist ein Beispiel für diese Form der nicht abgeschlossenen Trauer. Sie überlebte Prinzgemahl Albert um 40 Jahre, traf aber keine Entscheidung, ohne in Zurückgezogenheit mit seinem Geist in Verbindung getreten zu sein. Tag für Tag ließ sie seine Kleider und Rasierwasser bereitstellen.[84]

Weitere Gefährdungen bestehen darin, daß Trauernde von Schlafmitteln oder Alkohol abhängig werden können, wobei Collin Murray Parkes die Auffassung vertritt, daß beim Entstehen von Alkoholismus schon vor dem belastenden Todesfall Alkoholmißbrauch vorgelegen habe[85].

Angesichts der Gefahren für den Trauernden stellt sich die Frage der Hilfe. Hilfe kann und soll von jedem, der dem Trauernden nahesteht, geleistet werden. Oft aber sind auch die „beruflichen Helfer“[86] notwendig. Die Hilfe, die jeder einem Trauernden zukommen lassen kann, bezieht sich zunächst auf alle Trauerfälle unabhängig von ihrem Verlauf. Die erste und wichtigste Grundregel ist Zuhören. Dies soll schon für den Beileidsbesuch gelten.[87] Der Trauernde muß sich seinen Kummer „von der Seele reden“ können. Hier ist auch die Geduld des Zuhörers gefordert, da

Trauernde oft dieselben Episoden wiederholen, immer wieder dieselben Anklagen vorbringen. Der Helfer soll weiter versuchen, sich einzufühlen, und zum Ausdruck der Gefühle ermuntern. Das verhindert auch den Trauernden irritierende Reaktionen, die den Trauerschmerz noch verstärken, weil der Trauernde sich unverstanden vorkommt. Zudem können dem Helfenden durch Einfühlung auch Signale für extreme Gefährdung wie Selbstmord, schwere Krankheit oder tiefe Depression deutlich werden. Werden sie wahrgenommen, dann ist die Mithilfe oft an eine Grenze gelangt. Es bleibt dann nur der dringende Rat, einen Arzt aufzusuchen.

Damit sind aber noch nicht alle Aufgaben eines Nahestehenden umschrieben: Er soll auch bei der Erledigung praktischer Fragen helfen. Das kann vom Küchenzettel bis zu Behördengängen reichen. Erbschaftsangelegenheiten bringen oft zusätzliche Konflikte. Allerdings kann die damit verbundene Wahrnehmung von Eigeninteressen einen Hinterbliebenen auch aus der Trauer herausführen.

Bestimmte Todesumstände wirken prinzipiell erschwerend. Besondere Belastungen bringt Trauer nach Tod durch Nachlässigkeit, Mord oder Selbstmord mit sich.[88] Hier sind oft Aussagen der Trauernden vor Behörden und Gerichten notwendig, die wieder das Schreckliche des Geschehens vor Augen treten lassen. Die Bewältigung des Selbstmordes eines Angehörigen ist besonders schwierig, wenn die Motive fehlen oder unklar sind. Das löst endlose Grübeleien aus, die mit Schuldgefühlen verquickt sind. Diese Schuldgefühle lassen sich häufig insofern kaum auflösen, weil die die Mitschuld abschwächenden Argumente unüberprüfbar bleiben. Hier ist das standhafte Zuhören und das behutsame In-Fragestellen des Helfers wichtig. Und wenn der Tod als ein nicht ehrenhafter erscheint (z.B. Schlägerei mit Todesfolge, Selbstmord), wird sich der Trauernde aus Scham und Furcht vor Nachrede wahrscheinlich sehr stark zurückziehen. Gerade in solchen Fällen bedarf der Hinterbliebene der Stütze und des Trostes durch andere Menschen. Ferner sollte der Helfende gerade hier versuchen, Außenbeziehungen zu fördern und zu neuen Bekanntschaften zu ermuntern. Dies kann übrigens auch eine seiner Aufgaben in anderen als solchen besonders belastenden Fällen sein.

Aber nicht nur äußere Umstände können besondere Probleme hervorrufen. Auch die Situation des Hinterbliebenen und sein Verhältnis zu dem Verstorbenen bei Lebzeiten sind zu berücksichtigen.[89] Tendierte die Beziehung zum nun Verstorbenen stark zur Ausschließlichkeit, so droht die Gefahr der Isolation. Bestanden zu Lebzeiten starke Konflikte, so sind übersteigerte Schuldgefühle wahrscheinlich. Ist der Tod ein Glied in einer „Kette“ von unheilvollen Geschehnissen, kann die Belastbarkeit des Hinterbliebenen überfordert sein. Ferner dürfen vorhandene Gesundheitsschäden nicht unbeachtet bleiben. Auch hier muß der Helfer auf Krisensymptome achten, eingehen und evtl. auf die Konsultation eines professionellen Helfers drängen.

Der wichtigste professionelle Helfer für den Trauernden in unserer Gesellschaft ist der Arzt. Eine Untersuchung im US-Staat Minnesota ergab, daß 15% der 583 erfaßten Verwitweten im Zusammenhang mit dem Leiden am Verlust des Gatten einen Arzt aufgesucht hatten.[90] Sowohl der Allgemeinmediziner, der als Hausarzt fungiert, als auch der Facharzt, vor allem der Psychiater, sollten zumindest bei extremen Gefährdungen eingreifen. Es bleibt allerdings offen, ob die Mediziner die Komponente „Trauer“ so in ihre Überlegungen einbeziehen, wie das notwendig wäre.[91] Auch die Frage der Ausbildung für solche Problemfälle wäre zu stellen. In den USA gaben rund 40% eines Samples von leitenden Hochschullehrern an medizinischen Fakultäten an, daß die ärztliche Sorge um Trauernde im Lehrprogramm nicht berücksichtigt werde.[92] In diesem Zusammenhang soll auch auf amerikanische Versuche hingewiesen werden, mit Hilfe kurzer Checklisten die besondere Gefährdung eines Trauernden zu ermitteln. Solche Listen enthalten Fragen nach sozialen Merkmalen, Familieneinbindung, Stärke der Emotionen.[93]

In den USA stellen die Kommunen Hilfen in Form der Betreuung durch Sozialarbeiter. Ein großer Teil der amerikanischen Literatur über den Umgang mit Trauernden ist für die Praxis der Sozialarbeit verfaßt.[94] Es sollte erwogen werden, auch in der Bundesrepublik Deutschland solche Dienste einzurichten. Relativ hoch ist der Prozentsatz der Personen, der nach einem Trauerfall ohne nahestehende Menschen wie enge Freunde und Verwandte verbleibt und der auch nicht in das Netz einer intensiven Nachbarschaft verwoben ist, die Hilfe leistet. Hier wäre Betreuung nötig, die sich – wie dies für die Sterbehilfe ausgeführt wurde – auf emotionale und praktische Bedürfnisse des Trauernden bezieht. Neben der Einzelbetreuung wäre auch der Aufbau und die Kontrolle von Selbsthilfegruppen für bestimmte Personenkreise eine wichtige Aufgabe der Sozialarbeiter.

In dem USA existieren Selbsthilfegruppen von Eltern, die ein Kind verloren haben[95], sowie von Eltern, deren Kind unheilbar krank ist und die sich bei der Bewältigung der damit verbundenen Probleme gegenseitig unterstützen sowie die antizipierte Trauer gemeinsam durchstehen[96]. Damit sind Trauernde erfaßt, die von einem selten vorkommenden und generell besonders belastenden Unglück betroffen sind. Aber auch Hinterbliebene, die „normale" Schicksale erleiden, könnten durch Selbsthilfegruppen Unterstützung und Trost erfahren. Beispielhaft erscheint in dieser Hinsicht das amerikanische Widow-to-Widow Program[97]. Frauen, die schon einige Zeit verwitwet waren, sandten unter Anleitung einer Sozialarbeiterin an alle Frauen in einer Stadt, die gerade ihren Gatten verloren hatten, einen Brief. Darin sprachen sie ihr Beileid aus, stellten sich als ebenfalls Verwitwete vor, boten ihre Hilfe an und nannten einen Termin für einen Besuch. Die Helferinnen hatten keine höhere Bildung, besaßen aber einige Erfahrung in der Öffentlichkeitsarbeit und wohnten in der Nähe der Frauen, denen sie beistehen wollten. In den ersten sieben Monaten wurde 110 Witwen Hilfe angeboten. 19 von ihnen wohnten nicht mehr am Ort, 11 lehnten Hilfe mehr oder weniger brüsk ab, 12 fanden die Idee gut, benötigten aber keinen Beistand. Mit 64 Witwen kamen die Helferinnen in Kontakt. Dabei blieben in der Hälfte der Fälle die Dienste auf regelmäßige Telefongespräche beschränkt. Ferner hatten die Helferinnen oft relativ einfache Hilfe zu leisten wie das Ausfüllen von Versicherungsformularen. Schwieriger waren Bemühungen um Arbeitsplätze. Am wichtigsten war es jedoch für die Betreuten, sich aussprechen und evtl. auch ausweinen zu können. Aus diesen Kontakten entstanden später Gesprächskreise.

Sicherlich nicht so effektiv, aber auch nicht so aufwendig sind Telefondienste im Sinne der bei uns institutionalisierten Telefonseelsorge[98].

3.6.1 Selbstmordgefährdung des Trauernden

Der Selbstmord kommt überdurchschnittlich häufig als Ursache des Todes während der Trauerzeit vor (vgl. 3.3). Daher verdient diese Gefahr für den Trauernden besondere Beachtung.

Jede Ankündigung, ja Andeutung eines Selbstmords ist ernstzunehmen. Die Annahme, wer über Suizid rede, sei gerade nicht gefährdet, ist falsch. 80% der Selbstmorde werden angekündigt.[99] Oft liegt zwischen ersten Selbstmordgedanken und dem Entschluß zum Suizid nur eine kurze Zeit. Das gleiche gilt für die Spanne zwischen dem Entschluß und der Durchführung des Suizids. Für Personen, die nach einem Selbstmordversuch gerettet werden konnten, wurde ermittelt, daß bei 42% der Intervall zwischen den ersten Selbstmordgedanken und dem Entschluß nur eine Stunde betrug. Und in 58,5% der Fälle lag ebenfalls lediglich eine Stunde zwischen Entschluß zur Tat und

Tatausführung.[100] Das bedeutet, daß Trauernde, die über Selbstmord sprechen, nicht allein gelassen werden sollten. Der Helfer muß bei dem Gefährdeten bleiben, mit ihm über die Situation sprechen. Die Überweisung in eines der 18 bundesdeutschen „Selbstmordverhütungszentren“[101], in eine Klinik oder zu einem Arzt ist angebracht. Schneller Rat kann in solchen Fällen bei der in jeder größeren Stadt eingerichteten Telefonseelsorge eingeholt werden. Das dort tätige Personal weiß in der Regel, wie in solchen Notfällen zu verfahren ist; ungefähr 7 % aller, die die Telefonseelsorge anrufen, äußern Suizidgedanken[102]. Muß ein Selbstmordgefährdeter allein zurückbleiben, soll der Helfende ständig mit ihm in Kontakt bleiben, um ihm beizustehen und ihn zu überwachen.

Gerade durch die Kürze der Zeit, die oft zwischen den ersten Selbstmordgedanken und der Ausführung liegt, wird nahegelegt, daß sich Menschen plötzlich in einer ausweglosen Situation sehen. Hier handelt es sich nicht um den sog. Bilanzselbstmord, der kühlen Kopfes nach reiflicher Überlegung ausgeführt wird. Im Falle dieses Bilanzselbstmords, so wird bisweilen gefordert, dürften keine Rettungsversuche unternommen werden. Aber diese umstrittene Frage steht in der Regel gar nicht zur Debatte; im Falle eines Suizidversuchs muß meist Menschen geholfen werden, die eine Kurzschlußhandlung begangen haben.

Allerdings wäre es verfehlt, nur dafür zu sorgen, daß der Gefährdete überwacht wird bzw. daß er nach einem Suizidversuch gerettet wird. Hinter den Selbstmordgedanken und -handlungen stehen Situationen, die nicht mehr bewältigt werden können. Bisweilen sind Reden vom Suizid und Suizidversuch Appell an die Umwelt, „Hilfeschrei“[103]. Daher muß bei Selbstmordgefährdung oder nach einem Suizidversuch stets die Frage gestellt werden, was zu tun ist, damit der Lebensmüde wieder zumindest erträgliche Perspektiven für seine Zukunft sieht. Es gibt institutionalisierte Angebote in Kliniken oder durch ambulante Dienste.[104] Doch sollte das nicht das Gesamt an Hilfe sein. Hermann Pohlmeier hebt im Anschluß an Ausführungen von Tobias Brocher hervor: „Wo Liebe von anderen oder zu sich selbst nicht mehr erlebt werden kann, erscheint das Leben nicht mehr lebenswert und ist die Gefahr, in endgültige Trauer zu versinken, sehr groß"[105]. Wenn diese Aussage des Präsidenten der Deutschen Gesellschaft für Selbstmordverhütung zutrifft, dann sind vor allem die Nahestehenden – die Angehörigen, Freunde und Bekannten – gefordert. Sie können durch Zuneigung und besonderes Engagement, wie sie einem professionellen Helfer nicht möglich sind, dem Gefährdeten aus der Bedrängung heraushelfen oder einer Gefährdung evtl. bereits vorbeugen.

3.7 Die Beisetzung als Ritus zur Trauerhilfe

Die amerikanische Diskussion um die Beisetzung ist weitgehend auf die Kritik an den Praktiken der Bestattungsinstitute fixiert. In der Bundesrepublik Deutschland beschränkt sich die Erörterung dieser Frage nahezu ausschließlich auf die bemerkenswert wenigen Abhandlungen im Rahmen der Praktischen Theologie.[106] Diese Vernachlässigung ist bedauerlich, denn die Beisetzung ist der einzige allgemein übliche Ritus, der den Trauernden helfen kann. Dieser Bedeutung entsprechend soll sie auch gesondert und im Detail erörtert werden.

3.7.1 Soziale Funktionen der Beisetzung

Häufig erlebt der Hinterbliebene die Beisetzung in der Apathie der Eingangsstufe (vgl. 3.3). Vorbereitungen für die Beisetzung können aber auch aus der Apathie herausführen, da der Trauernde – trotz der Spezialinstitutionen, deren Dienste gewöhnlich in Anspruch genommen werden – aktiv werden muß.

Das Begräbnis beinhaltet einen öffentlichen Ausdruck der Tot-Erklärung, der besonders Hinterbliebenen, die den Tod nicht wahrhaben wollen, die Endgültigkeit dieses Faktums vor Augen führt. Das allerdings ist selbstverständlich auch eine Belastung, die besonders die Gesundheit beeinträchtigen kann; W.Dewi Rees berichtet sogar von Todesfällen am offenen Grab[107]. In der Teilnahme werden die Bande zu Verwandten, Bekannten und Nachbarn sichtbar und Verpflichtungen in diesem Rahmen bewußtgemacht.[108] In der Sitz- und Prozessionsordnung wird der Grad der Nähe zum Verstorbenen deutlich.[109]

Nach den Ermittlungen von Gorer für Großbritannien fand in 82 % der erfaßten Trauerfälle anläßlich der Beisetzung ein Familientreffen statt.[110] Dieses Familientreffen, oft verbunden mit einem Mahl oder Imbiß, gibt die Möglichkeit, die Gefühle auszutauschen, was bei der Beisetzung nicht möglich ist, da dort in der Regel der Geistliche der „Wortführer" ist.[111]

Die christliche Beerdigung kann zudem die Versicherung ewigen Lebens bestärken und so auch Trauer lindern. Bittgebete für den Toten können die Angst um sein Schicksal im Jenseits mindern.[112]

Die Ausgestaltung der Beisetzung kann Schuldgefühle gegenüber dem Toten abtragen helfen. Das muß trotz oft nicht eindeutig seriöser Praktiken von Bestattungsinstituten festgestellt werden.

Implizit ist diesen Ausführungen, das soll offengelegt sein, ein Plädoyer gegen die allzu schlichte oder gar formlose Beisetzung. Ebenso scheinen mir durch die derzeit fast als Mode zu bezeichnende „Beisetzung in aller Stille", an der nur noch die engsten Verwandten und Freunde des Verstorbenen teilnehmen, Chancen der Bewältigung des Verlustes vergeben zu werden.[113] Zwar ist diese Art der Beisetzung durchaus eine logische Fortführung der Zentrierung auf die engere Familie. Aber es ist auch eine Kapitulation vor gesellschaftlichen Zuständen, durch die der einzelne auf seinen engsten Kreis und oft auf sich allein verwiesen wird.

3.7.2 Bestattungsformen

Derzeit dominiert in der Bundesrepublik Deutschland die Erdbestattung noch eindeutig. Man kann dieses Vorherrschen der Erdbestattung dahingehend interpretieren, daß Hinterbliebene den erdbestatteten Toten eher als fiktives Gegenüber empfinden, daß sie sich ihn eher als Lebenden vorstellen können. Der Laie macht sich kaum Gedanken über den Grad der Verwesung des Toten. Die Urne mit Asche kann Illusionen über den Toten in stärkerem Maße zerstören. Da jedoch bei der Feuerbestattung die Verbrennung nicht vor den Augen der Angehörigen geschieht, wird die Realität des Verlustes nicht so deutlich wie beim Herablassen des Sarges. Dieser Aspekt sowie das Zerstörerische, das einer Kremation anhaftet, werden von dem Theologen Yorick Spiegel zu den „therapeutischen"[114] Gründen gezählt, die gegen die Feuerbestattung sprechen.

Tabelle 7: Anteil der Einäscherungen in der Bundesrepublik Deutschland an allen Beisetzungen 1950-1982[115]

Jahr	Anteil der Einäscherungen
1950	7,5 %
1960	10,4 %
1970	13,9 %
1975	16,3 %
1980	18,4 %
1981	18,7 %
1982	19,2 %

Wie aus Tabelle 7 hervorgeht, gewinnt die Feuerbestattung zunehmend an Bedeutung. Dabei ist zu berücksichtigen, daß die Einäscherung in Deutschland schon traditionell stärker verankert ist als in vergleichbaren Ländern. Bereits 1937 besaß Deutschland mit 117 den größten Anteil an allen 399 Krematorien außerhalb Japans. In der Bundesrepublik Deutschland (einschl. Berlin-West) werden derzeit 74 Feuerbestattungsanlagen genutzt.[116]

Zu dem aus Tabelle 7 ersichtlichen Anstieg der Kremationen trug sicherlich auch bei, daß die katholische Kirche seit 1964 diese Form der Bestattung für ihre Gläubigen zugelassen hat. Doch ist zwischen 1960 und 1970 kein so starker Zuwachs zu verzeichnen wie zwischen 1970 und 1980. Entweder kommt dieser Änderung der Vorschriften wenig Einfluß bei der Entscheidung eines Katholiken über die Art der Bestattung zu oder, was durchaus möglich ist, geht ein Einstellungswandel, der dieses Zugeständnis der Kirche in das Kalkül einbezieht, sehr langsam vor sich. Allerdings ist zu beachten, daß die Städte, in denen hohe Anteile von Feuerbestattungen festzustellen sind, überwiegend protestantisch geprägt sind. An der Spitze lagen 1982 die nordbayrischen Städte Selb, Coburg und Hof mit 81%, 73,3% und 71% Einäscherungen.[117] Die geringsten Anteile an Kremationen entfielen mit 6,3% auf Aachen sowie mit 6,8% auf Bochum bzw. Bielefeld. Doch fällt hier auf, daß zwar in Aachen eine katholische Mehrheit, in Bochum dagegen ein geringes, in Bielefeld gar ein deutliches protestantisches Übergewicht zu verzeichnen sind. Nicht die Konfession allein, sondern regionale Mentalitäten im Zusammenhang mit der Konfession scheinen für die Anteile der Feuerbestattung ausschlaggebend zu sein. Nach einer Befragung, die John Okoro in Vorarlberg durchführte, wünschen Jugendliche in der Mehrzahl die Feuerbestattung, Erwachsene die Erdbestattung.[118] Es erscheint allerdings zweifelhaft, ob die Feuerbestattung ohne staatliche Förderung (wie sie z.B. in der DDR festgestellt werden kann) die Bestattungsform sein wird, die die Mehrheit der Bevölkerung wählt. Zwischen Antworten auf hypothetische Fragen in Interviews und tatsächlich zu treffenden Entscheidungen muß unterschieden werden, und es ist zu vermuten, daß die Entscheidungen konservativer, d.h. pro Erdbestattung, ausfallen werden als die Antworten in den Interviews.

Minimal ist der Anteil der Seebestattungen. Für eine Seebestattung ist – im Gegensatz zu Erd- und Feuerbestatung – eine Ausnahmegenehmigung erforderlich. Kostengründe können angesichts der heute möglichen Anonymbestattung der Urne (vgl. 3.8.3) nicht mehr geltend gemacht werden. Es müssen ideelle Gründe sein, die etwa Seeleute vorbringen: Sie wollen die Überreste ihres Körpers in dem Element wissen, dem sie ein Leben lang verbunden waren. Ein Bestatter berichtete mir von dem Wunsch einer alten Dame, ihrem Sohn, der im Weltkrieg als U-Boot-Kommandant umkam, im Tod nahe zu sein.

3.7.3 Gestaltungen der Beisetzung

In der Bundesrepublik Deutschland werden die meisten Bestattungen kirchlich begleitet. Die Schwankungen des Anteils der kirchlichen Begräbnisse im letzten Jahrzehnt sind minimal. 1973 wurden von 731 028 Verstorbenen 650 996 entweder unter Mitwirkung eines katholischen oder eines evangelischen Geistlichen beigesetzt. Das entspricht einem Anteil von 89,05%. 1980 waren es von 714 117 Verstorbenen 635 633, die kirchlich bestattet wurden. Der Anteil an allen Beisetzungen verminderte sich nur um 0,04% auf 89,01%.[119] Man kann also davon ausgehen, daß 9 von 10 Deutschen in der Bundesrepublik unter Mitwirkung von Geistlichen bestattet werden. Berücksichtigt man die Beteiligung an den verschiedenen kirchlichen Aktivitäten (z.B. Gottesdienstbesuch), so scheint es durchaus möglich zu sein, daß viele Menschen heute ihre Mitgliedschaft in den Kirchen nur noch deshalb aufrechterhalten, weil sie den letzten Dienst ihrer Kirche in Anspruch nehmen wollen, nämlich „ordentlich unter die Erde gebracht zu werden". In diesem Zusammenhang soll erwähnt werden, daß 91% der österreichischen Katholiken kirchliche Begräbnisse für wichtig hielten.[120]

Es dürften allerdings nicht nur Fragen der Schicklichkeit sein, die eine religiöse Beisetzung wünschenswert erscheinen lassen. Der Tod ist ein Ereignis, das wie kein anderes religiöse Gestimmtheiten weckt. Im Tod wird Ohnmacht erlebt, und die Zuflucht zum Transzendenten erscheint naheliegend. Und in der Tat zeigt sich, daß in solchen Lebenslagen oft längst überwuchertes Glaubensgut wieder zum Vorschein kommt. Bei einer Repräsentativbefragung in der Bundesrepublik Deutschland sollten Katholiken angeben, in welchen Situationen sie am ehesten an Gott denken. Die meisten Nennungen erhielt die Vorgabe „bei Trauerfällen".[121] 70% der Befragten antworteten so. Das ist die höchste Zahl, die eine Nennung erreichte. Auf die Messe und Weihnachten – die zweit- und dritthäufigste Nennung – etwa entfielen nur 65% bzw. 63%. Selbst Katholiken, die nie zur Kirche gehen, gaben noch zu 50;% an, bei Trauerfällen an Gott zu denken.

Ein „Ritus", zu dem sich in diesem Zusammenhang ein kurzer Exkurs anbietet, ist die Veröffentlichung einer Todesanzeige in einer Zeitung. Der Todesanzeige kommt die Funktion zu, einem weiteren Kreis der Öffentlichkeit die Nachricht über den Todesfall zu vermitteln und – in den meisten Fällen – zur Bestattung einzuladen. Auch in diesen Anzeigen wird relativ häufig der Rückgriff auf christliche Vorstellungen sichtbar. Obwohl eine starke Standardisierung in den Formulierungen beobachtet werden kann, ist nirgendwo der Mut zum Bekenntnis des christlichen Glaubens stärker ausgeprägt als dort. Es finden sich Psalmverse, Zitate aus dem Neuen Testament und den Kirchenvätern, Einleitungsformeln wie „Gott der Allmächtige nahm...", „Gott der Herr über Leben und Tod...". Das Minimum der religiösen Äußerungen bei Katholiken ist die Angabe von Ort und Termin der Seelenmesse.

Fazit unserer Überlegungen ist: Solange die sog. volkskirchlichen Strukturen in der Bundesrepublik Deutschland erhalten bleiben, ist ein Ablauf der Beisetzung, der wichtige Bedürfnisse der Trauernden befriedigt, in den meisten Fällen gesichert. Allerdings sinken die Mitgliederzahlen beider

Kirchen ständig.[122] Und so stellt sich verstärkt die Frage, die schon jetzt für viele Hinterbliebene eines Verstorbenen, der keiner Religionsgemeinschaft angehörte, wichtig ist: Wie kann die Bestattung gestaltet werden, damit sie dem Anlaß des Abschieds von einem nahestehenden Menschen gerecht wird. Hier soll als Anregung ein Vorschlag aus den USA referiert werden. Hollingsworth und Pasnau schlagen folgende Ordnung für eine Beisetzung vor:

1. „The Tribute“: eine passende Musik,
2. „The Memorial“: zwei Minuten Stille,
3. „The Eulogy“: eine Gedenkansprache, die ein Freund vorträgt,
4. „The Response“[123]: ein von einem Freund für diese Gelegenheit verfaßtes Gedicht oder ein Gedicht, das der Verstorbene liebte.

Die Familien, für die die Beisetzung eine wichtige Entlastung in ihrer Trauer bewirken kann, sollten den Mut zur Gestaltung aufbringen und vielleicht familientypische Traditionen entwickeln, wie sie für andere wichtige Ereignisse im Jahres- und Lebenskreis bereits bestehen.

3.7.4 Die Kritik am amerikanischen Bestattungswesen

3.7.4.1 Kritik am wirtschaftlichen Gebaren

Jessica Mitfords 1963 veröffentlichtes Buch „The American Way of Death“, das 1965 unter dem Titel „Der Tod als Geschäft“ auch in deutscher Sprache erschien, war, zumindest was die Publizität betrifft, der Höhepunkt der Kritik am amerikanischen Bestattungswesen.

Mitford zeigt zunächst die Situation von Hinterbliebenen auf. Nur einmal in 15 Jahren muß der Durchschnittsamerikaner für ein Begräbnis sorgen. So ist er unsicher, wenn er ein Bestattungsinstitut betritt. Da der tote Angehörige eingesargt werden muß, kann der Hinterbliebene eine Vereinbarung nicht aufschieben, wie das für andere

Geschäfte möglich ist, bei denen eine erhebliche Summe Geld im Spiel ist (z. B. Haus- oder Autokauf). Außerdem steht ihm nicht der Sinn danach bzw. gilt es als „unschicklich", Preisvergleiche anzustellen.

Diese Situation wird nach Mitford von den Bestattern, den „funeral directors" schamlos ausgenutzt. Mit raffinierten Verkaufsmethoden[124] drängten sie den Angehörigen eines Toten teure Dienstleistungen und Waren auf. Dazu gehörten z.B. das Einbalsamieren des Leichnams, teure Särge, vor allem Metallsärge, und eine „Gruft", d.h. eine Betonausschalung des Grabes. Sie mobilisierten die Gefühle der Hinterbliebenen, vor allem Statusgefühle (Argument eines Bestatters in San Francisco: „Wenn jemand einen Cadillac fährt, warum soll er dann ein Pontiac-Begräbnis haben."[125]) und Schuldgefühle („Das ist das letzte, was Sie für Ihren Vater tun können."). Oft würden gesetzliche Bestimmungen aus Profitgründen falsch zitiert oder einfach erfunden: So sei behauptet worden, auch bei einer Kremation sei ein Sarg notwendig, die Einbalsamierung oder eine „Gruft" seien vorgeschrieben.[126] Den Bemühungen des Bestattungsgewerbes komme entgegen, daß anläßlich des Todes dem Hinterbliebenen viele Barmittel durch Auszahlungen von Versicherungsprämien und Sterbegeld verfügbar seien. So habe der Durchschnittsamerikaner bereits 1961 ca. 1450 Dollar für ein Begräbnis ausgegeben.

Die Praktiken der amerikanischen Bestattungsinstitute sind wohl im Zusammenhang mit weiteren Zügen der amerikanischen Kultur zu sehen. Wie das auch in anderen Branchen der Fall ist, werden in den Vereinigten Staaten die Dienste von Bestattern viel aufdringlicher angepriesen als bei uns, und die Verhaltensweisen der funeral directors gehorchen den Gesetzen des „business". So hat Warren Shibles wohl recht, wenn er die Vorwürfe von Mitford auf folgende Weise relativiert: „Sie scheint den Leichenbestatter allein anzugreifen, obwohl ihre Argumente in gleicher Weise auf das amerikanische Geschäftsgebaren, die Kultur und die Werte allgemein anwendbar sind"[127].

Die Kritik an der Bestattungs„industrie" in den USA ist facettenreicher, als sie hier dargestellt werden konnte[128]; auch die Vertreter der Kirchen tragen die Kritik mit[129]. Als eine Gegenreaktion auf die Praktiken der Bestattungsinstitute wurden sog. memorial societies gegründet, Bruderschaften, die ehrenamtlich arbeiten und die über das Gebaren der Beerdigungsinstitute, über gesetzliche Vorschriften u.ä. aufklären.[130] In diesen Gesellschaften sind meist die höheren Bildungsschichten überrepräsentiert. Teilweise wird empfohlen, schon zu Lebzeiten mit einem Bestattungsinstitut die Modalitäten der Beisetzung zu klären. Ein anderer Teil der memorial societies bietet den Mitgliedern auch eine preiswerte Beisetzung an. Dabei tritt ein weiterer Zug der amerikanischen Mentalität zutage, der Sinn für das Pragmatische. Und dieser Sinn für das Pragmatische scheint da an eine Grenze des Geschmacks zu stoßen, wenn eine weit verbreitete memorial society ihren Mitgliedern Särge anbietet, die sich zunächst als Kommode oder Kaffeetisch verwenden lassen[131].

Die Arbeit der memorial societies brachte den kommerziellen Beerdigungsinstituten bisher kaum Einbußen. Dennoch sind sowohl die Kampagnen gegen die Bestattungsinstitute als auch die Tätigkeit der memorial societies nicht wirkungslos geblieben. Die amerikanischen Verbraucherschutzämter kontrollieren seit Mitte der 70er Jahre das Bestattungsgewerbe stärker. In den Mittelpunkt der Argumentation für ihr Eingreifen stellten die Behörden die Überlegung, die schon Mitford betont hatte, nämlich daß der Hinterbliebene seelisch labil und daher außergewöhnlich beeinflußbar sei[132]. Ferner haben die Spitzenverbände des Bestattungsgewerbes eine Art Ehrenkodex für ihre Mitglieder aufgestellt, nach dem z.B. alle Preisfragen abgeklärt werden sollen, bevor die Hinterbliebenen den Verkaufsraum betreten.[133]

In der Bundesrepublik Deutschland war eine Kritik an

den Bestattungsinstituten nie so deutlich artikuliert worden, obwohl auch hier beträchtliche Gewinne erzielt werden, wie der Autor aus Gesprächen mit insidern weiß. Wenn in soziologischen Publikationen Kritik am Bestattungswesen geübt wird, geschieht das vor allem mit Bezug auf die amerikanischen Verhältnisse. Für marxistisch orientierte Soziologen sind die Praktiken der Bestattungsinstitute lediglich einer von vielen Indikatoren der „Warengesellschaft".[134] Im Sprachgestus der Frankfurter Schule schreibt etwa Werner Fuchs:

> *„Gemeinsam aber ist den amerikanischen wie den deutschen Einrichtungen die weitgehende privatwirtschaftliche Vermittlung, die hier Reste althergebrachter Sitten und Bräuche kommerziell reproduziert, in den USA kommerziell produziert. Diese Warenwelt ist doppelter Schein: ihre Waren leugnen in der vorgegebenen Naturwüchsigkeit und Fortführung von Sitte ihren Tauschcharakter. In ihrem Tauschcharakter täuschen sie Verfügbarkeit über den Tod vor, haben sie keinen Gebrauchswert"*[135].

3.7.4.2 Kritik am Einbalsamieren

Eine für die USA typische Sitte ist das Einbalsamieren der Toten. Die Einbalsamierung soll während des Bürgerkriegs aufgekommen sein. Gefallene Soldaten wurden vor der Übergabe an die Familie so präpariert. Schon vielfach wurde an dieser Sitte kritisiert, sie sei eine Maskierung oder Verschleierung des Todes.[136] Eine solche Intention kann nicht ausgeschlossen werden, denn sie läßt sich auch an anderen für die USA typischen Usancen nachweisen: Die Leichen werden geschminkt und vor der Beisetzung in einem Schauraum, dem sog. funeral home, präsentiert, der Wohnzimmercharakter besitzt; die funeral directors sprechen vom Toten als Mr. usw. . Peter Berger und Richard Lieban stellen diese Eigenheiten in einen Zusammenhang mit den in den USA dominierenden Werten:

„In einer Wertstruktur, deren grundlegende Merkmale Optimismus, Diesseitigkeit und Streben nach sozialer Anpassung sind, wird der Tod zu einem sinnlosen Ereignis... zu einer Bedrohung der gesamten Struktur der Anpassung des Individuums an dieses Dasein. Der Tod ist die Schlußtragödie. Als solche ist er für den Optimisten und seinen Aktivismus sinnlos... Die Sinnlosigkeit des Todes im Sinne der herrschenden Wertstruktur zwingt offenbar zu einer psychologischen Verleugnung dieser Realität. Der psychologische Zwang scheint seinerseits die vorher beschriebene vollendete camouflage notwendig zu machen"[137].

Diese Ansicht ist wohl überzogen. Bei aller „Maskierung" weiß jeder an dem Ereignis Beteiligte, daß es sich bei dem Einbalsamierten und Geschminkten um einen Toten handelt. Diese amerikanischen Sitten sind nur ein Ausdruck der allgemein menschlichen Neigung, dem Toten noch etwas von der Identität des Lebenden zuzubilligen, wie sie letztlich auch jeglichem Begräbnis zugrundeliegt und die sich in vielen Bräuchen manifestieren kann (z.B. bei Festen einen Stuhl für einen Toten freilassen[138], dem Toten Essen an das Grab stellen usw.). In Kulturen, deren Angehörige sich vielfach des Weiterlebens der Toten im Jenseits nicht mehr sicher sind, kann sich dann die Aufmerksamkeit besonders auf den toten Körper verlagern. In diesem Sinne berichtet Ariès über das Frankreich der Aufklärungszeit, als es eine Zeitlang Mode war, die verstorbenen Angehörigen als Mumien oder in alkoholgefüllten Behältern aufzubewahren.[139]

Von den Bestattern, denen die Prozedur einen erheblichen Teil der Einnahmen erbringt, wird für das Balsamieren neben nicht haltbaren hygienischen Begründungen vor allem das Argument vorgebracht, der Abschied von einem optisch gut aussehenden Toten entlaste die Hinterbliebenen, bringe Trost und erleichtere das Trauern. So heißt es etwa in einem Handbuch für Einbalsamierer, aus dem Mitford zitiert: „In der Pflege jedes Toten lastet eine schwere Verantwortung auf dem Balsamierer, denn von seiner Geschicklichkeit hängt es weitgehend ab, wie stark das permanente seelische Trauma bei denen sein wird, die in naher Beziehung zum Verstorbenen standen"[140]. Mitford hält diese Einschätzung für wissenschaftlich unhaltbar und wertet sie als Teil jenes Mythos, der von den Bestattern entwickelt worden sei, um den Umsatz zu heben. Ihre Kritik am amerikanischen Bestattungswesen war sicherlich notwendig, um unsolide Praktiken aufzudecken, aber sie war gleichzeitig oft zu pauschal. Das gilt auch für das Einbalsamieren. Ein Einbalsamierter muß nicht Trost spenden, aber er *kann* es. Es sei an eine Stelle in Mario Puzos Roman „Der Pate" erinnert. Dort bittet der Vater den ihm verpflichteten Leichenbestatter eindringlich, alle Kunst darauf zu verwenden, seinen von vielen Kugeln getöteten Sohn wieder so herzurichten, daß die Mutter das Bild des Lebenden vor sich habe.[141] Und der Soziologe Richard A. Kalish, den früher die Künste der Balsamierer verwirrten, berichtet über eine Trauerfeier mit geschlossenem Sarg:

„Ich war eindeutig ärgerlich, denn ich fühlte, daß der leere Sarg nicht die Person repräsentierte, die ich liebte. Selbstverständlich war der Sarg nicht leer, aber er erschien mir leer"[142].

3.8. Der Friedhof als Ort der Trauer

3.8.1 Funktionen des Friedhofs im Zusammenhang mit Trauer und Tod

Der englische Soziologe Geoffrey Gorer stellt in „Death, Grief, and Mourning" über das Trauern sarkastisch fest: „Man weint nur privat, so wie man sich privat auszieht oder ausruht, als wäre es (das Weinen) ein Analogon zur Masturbation"[143]. Gorer beschreibt damit durchaus eine häufig vorkommende Form modernen Trauerns. Jedoch zumindest eine Ausnahme darf nicht unterschlagen werden: der Friedhof. Er ist der legitime öffentliche Ort der Trauer. Nicht nur im Rahmen der Beisetzung, sondern auch bei Besuchen am Grab ist es legitim, seine Trauer auszudrücken. Und selbst in der Anonymität der Großstadt kommt es zu Gesprächen zwischen Hinterbliebenen, die zuvor einander fremd waren und die sich über ihr Schicksal austauschen. In Kleinstädten und Landgemeinden kann der Friedhof der Treffpunkt insbesondere von Witwen werden, und eine oft übertrieben sorgfältige Grabpflege kann – z.T. wohl auch unbewußt – nur den Anlaß für solche Treffen darstellen. Der Friedhof bietet so ein Arrangement zur Bewältigung des Verlusts.

Systematische Untersuchungen über die sozialen Aspekte des Friedhofs fehlen weitgehend. Die vorhandene Literatur beschränkt sich auf die Beschreibung und die Geschichte alter Friedhöfe[144], Fragen der Friedhofsarchitektur[145] und Kritik am Friedhof (vgl. 3.8.4). Dabei besitzt der Friedhof in den modernen Gesellschaften eine Bedeutung für die Hinterbliebenen, die ihm in früheren Epochen nicht zukam. Im Mittelalter war es für die Angehörigen in erster Linie wichtig, daß die Toten in der Nähe der Gebeine von Heiligen, in einer Kirche oder in deren Schatten ruhten.[146] Weder die Pflege noch der Besuch von Gräbern spielten eine große Rolle. Dabei waren die Friedhöfe keineswegs weitgehend verlassene Orte. Ihnen kamen durchaus soziale Funktionen zu. Ariès schreibt: „Der Friedhof war das Zentrum der Begegnung, der Entspannung und des gesellschaftlichen Umgangs. Er diente als Korso, als Promenade"[147]. Die Friedhöfe waren die Arbeitsplätze von Schreibern, Weißnäherinnen, Buchhändlern und Putzwarenhändlern. Es lebten dort Klausnerinnen, aber auch Prostituierte. Noch zu Beginn der Neuzeit scheint auf Grabpflege wenig Wert gelegt worden zu sein. Ariès zitiert Pierre Muret, der in einem 1679 erschienenen Buch über Begräbnisriten feststellt: „Es gibt nichts Trostloseres als einen Friedhof, und beim Anblick dieser Gräber möchte man eher meinen, daß sie zur Beisetzung des Gerippes eines Schweines oder Esels gedient haben"[148]. Im 17. und 18. Jahrhundert wurden viele neue Friedhöfe errichtet, die kaum mehr in Verbindung mit einer Kirche standen. Diese im Abendland meist kommunalen Friedhöfe wurden in der Regel parkähnlich gestaltet. Weltlichen Geschäften blieben sie verschlossen; sie waren nun primär Orte der Trauer wie des Trostes. Und diese Funktionen wurden besonders ab dem 19. Jahrhundert sehr wichtig. Denn zu jener Zeit erreichte die Intimisierung der Familie, die Gefühlsladung des Familienlebens, die Entstehung des Bewußtseins, daß es exklusive Gefühle sind, die Mann und Frau, die Eltern, vor allem Mütter, und Kinder verbinden, einen ersten Höhepunkt (vgl. 3.1). Trauer und Schmerz über den Verlust einer als unersetzlich angenommenen Person drückten sich in figürlichen Darstellungen (z.B. weinender Engel), besonders aber in Inschriften aus, die die Eigenschaften der Toten hervorhoben. Auf einem Grabstein, der auf dem Hauptfriedhof in Mainz zu finden ist, heißt es von einer 1827 verstorbenen jungen Frau: „Durch Ausübung aller Tugenden und als Vorbild der kindlichen Liebe und Sorgfalt von allen geliebt und tief betrauert. Am tiefsten von ihrer untröstlichen Mutter und ihrem Bruder"[149]. Zusätzlich kommt in solchen Inschriften oft der Wunsch der Lebenden zum Ausdruck, mit den Toten wiedervereinigt zu werden. Folgendes bei Ariès angeführte Beispiel soll das belegen. „Er ließ dieses bescheidene Grabmal zum Gedenken seiner würdigen und achtbaren Gattin errichten, in der Hoffnung, hier in Ewigkeit mit ihr vereint zu sein."[150]

Auf den Beitrag der Institution „Friedhof" für das Ausleben der Trauer um Menschen, mit denen der Hinterbliebene eng verbunden war, wird auch durch Daten verwiesen, die Kalish und Reynolds bei Angehörigen verschiedener ethnischer Minderheiten in den USA ermittelten.[151] Auffällig starke Familienverbundenheit stellten sie bei den Amerikanern japanischer Abstammung fest. Das Gegenteil galt für schwarze Amerikaner. Für diesen Bevölkerungsteil waren unvollständige Familien typisch. Die Art der Familienbande kam in den Vorstellungen über die Häufigkeit des Friedhofsbesuchs zum Ausdruck. Amerikaner japanischer Herkunft befürworteten in der Regel häufigere Besuche des Grabes eines verstorbenen Gatten als schwarze Amerikaner. Diese Besuche waren sicher nicht nur Wahrnehmung einer Pflicht, sondern auch zentraler Teil einer Bewältigung des Verlustes in der Quasi-Gegenwart des Toten und ermöglichten so eine Lösung von dem Verstorbenen, die bei den befragten Negern in den vielen Fällen nicht notwendig war, in denen die Bande zu Lebzeiten sehr lokker waren.

Der Friedhof ist auch das wichtigste memento mori in der heutigen Zeit des seltenen Todes. Grabbesuch und Grabpflege erinnern die Angehörigen an ihre eigene Vergänglichkeit. In den Vereinigten Staaten existieren viele Friedhöfe, die von privaten Betriebsgesellschaften unterhalten werden.[152] Die Agenten dieser Gesellschaften drängen oft, daß schon zu Lebzeiten ein Grabplatz gekauft wird. Und tatsächlich besitzt mehr als die Hälfte der Personen, die in einem Jahr stirbt, einen von ihr und für sie erworbenen Grabplatz. Im Rahmen ihrer Verkaufsgespräche empfehlen die Agenten die künftige Grabstätte als ein Ziel für Sonntagsausflüge. Die Praktiken der Vermittler erscheinen recht aggressiv, ja geschmacklos; Saul Bellow hat in seinem Roman „Humboldts Vermächtnis" einen Eindruck von solchen Verkaufsgesprächen vermittelt.[153] Aber das Wissen und die Vorstellung von der künftigen Grabstätte können ein memento mori darstellen, das etwas Versöhnliches mitschwingen läßt. Das wird auch in Gesprächen mit älteren Menschen deutlich, die in einem Familiengrab beigesetzt werden wollen. Sie äußern dann jene Gedanken der Wiedervereinigung mit den Toten, die wir in den Grabinschriften des 19. Jahrhunderts fanden. Der Tod wird bedacht, aber er erscheint nicht gänzlich trostlos.

Im großen und ganzen haben sich die Funktionen des Friedhofes in den letzten 150 Jahren wenig geändert. Allerdings sind zwei neue Trends der Friedhofsgestaltung zu vermerken, die mit den Begriffen „Klassenlosigkeit" und „Sprachlosigkeit" charakterisiert werden sollen.

3.8.2 Zur Klassenlosigkeit des modernen Friedhofs

In den alten Teilen von großen Friedhöfen bildet sich die Schichtung der Bevölkerung ab. Von den kapellenartigen Grüften reicher Patrizierfamilien bis zu vergrasten Grabhügeln ärmster und alleinstehender Menschen reicht eine Skala, der die Schichtung einer Stadt entspricht. Plastisch hat Jean Ziegler dieses Phänomen für einen brasilianischen Friedhof beschrieben.

„Dieser ‚campo santo' bietet ein noch klareres Bild von der unsterblichen Hierarchie der Toten. Er ist etagenförmig angelegt. Auf dem aufgefüllten Gelände und den oberen Terrassen erheben sich die prunkvollen, aus schwarzem und rosa Marmor errichteten Paläste der Verstorbenen der Oligarchie. Sie bergen die Leichname der Zuckerbarone, mondäner Ärzte, Viehzüchter und Händler. Ihre Gattinnen, selbst im Tode untergeordnet, ruhen im allgemeinen in einem Anbau des Mausoleums. Fremde Plantagenbesitzer, die deutschen und schweizer Herren über den Kakao in Ilhéus und über den Tabak im Tal von Paraguaçu, haben dieser hierarchisierten Todesgesellschaft noch eine Raffinesse hinzugefügt. Um deutlich zu zeigen, daß nie ein Tropfen afrikanisches oder indianisches Blut in ihre Adern geflossen ist, errichten sie ihre Tempel abseits vom Hügel der heimischen Oligarchie im Schatten riesiger Bäume. Eine Straße, eine Treppe, eine Mauer und ein Portal trennen diese beiden Klassen, die Komplizen der gleichen Unterdrückung sind.

In der Mitte des Hügels liegen die Gräber des Mittelstandes und darunter die der kleinen und ganz kleinen Händler, der Beamten und Angestellten. Hier sind die Inschriften zurückhaltender. Die wahren oder eingebildeten Genealogien reichen nicht so weit zurück, die ‚Paläste' sind weniger zahlreich."[154]

Die Leichen der reichen Plantagenbesitzer wurden in die Mausoleen auf den großen städtischen Friedhöfen gebracht.

„Die Leichname der mittleren oder unteren Bürgerschicht machen selten Reisen. Libanesische Händler, mestizische Vorarbeiter, Beamte, Polizisten oder Transportunternehmer, kurz, der Bürger wird dort begraben, wo er gelebt hat, in respektvollem Abstand zu den Mächtigen. Ein Weg und schließlich eine Mauer trennen den oberen Teil des Hügels von den Terrassen, die sich an dem Abhang entlangziehen, der zum Meer abfällt. Im Gestrüpp schließlich, im Grenzbereich der kleinen Schluchten, auf dürrem rotem Boden ruht, ohne Einfriedung und bar jeden Schmucks, die riesige und anonyme Masse des Volks."[155]

In mancher Hinsicht Vergleichbares soll für private Friedhöfe in den USA gelten, von denen einige nur Tote, die zu Lebzeiten einen hohen Status besaßen, aufnehmen[156], Negern ein Grab verweigern[157] und die einzelnen Friedhofsbezirke nach Preislagen staffeln[158].

In der Bundesrepublik Deutschland sind Kommunen und Religionsgemeinschaften die Träger von Friedhöfen.[159] Dadurch ist eine „regionale Vielfalt“[160] in der Friedhofsgestaltung möglich, die allerdings dadurch abgeschwächt wird, daß sich die für die Friedhöfe erlassenen Satzungen an wenigen Mustersatzungen orientieren[161]. Durch die Satzungen wird innerhalb der Friedhöfe ein sehr einheitliches Bild hervorgebracht. Eine weitgehende Übereinstimmung herrscht in der Klassifikation der Gräber.[162] Die meisten Satzungen kennen Einzel- oder Reihengräber, in denen ein Leichnam beigesetzt ist, und Sondergräber, die der Bestattung der Angehörigen einer Familie dienen. Es wird weiter unterschieden zwischen Reihengräbern und Sondergräbern zur Erdbestattung und Urnenreihengräbern sowie Urnensondergräbern. Es gibt weiter Reihengräber zur Aufnahme eines Leichnams eines Kindes und eines Erwachsenen. Für jede der Grabformen ist in der Regel vorgeschrieben: Länge, Breite und Tiefe des Grabes, oft auch die Höhe des Grabhügels, die Art der Einfassung des Grabes, zulässige Materialien und Bearbeitungsweisen des Grabzeichens (Grabmals), dessen Maximalhöhe sowie die Liegezeit der Toten. Ein Ausweichen aus diesem Rahmen ist schwer möglich. Ausgemauerte Grabstätten (Grüfte) und Grabgebäude sind untersagt bzw. nur ausnahmsweise erlaubt. Die Möglichkeit einer Ehrengrabstätte für besonders verdiente Bürger ist jedoch in der Musterfriedhofsordnung des Deutschen Städtetages vorgesehen.[163] Da Friedhofszwang besteht[164], wird auch nur selten die Erlaubnis erteilt, sich auf eigenem Grund und Boden bestatten zu lassen[165]. Innerhalb der geltenden Vorschriften sind schon noch Differenzierungen möglich, und sie kommen auch vor. Aber insgesamt ist doch eine starke Uniformität auf den Friedhöfen zu beobachten. Differenzierung bleibt hier meistenteils, um einen Begriff von David Riesman zu gebrauchen, „Oberflächendifferenzierung" („marginal differentiation")[166], die z.B. in Farbe und Form des Grabsteins, Art des gewählten Symbols, Art der Pflanzen zum Ausdruck kommt und sicherlich auch Resultat des Geschäftssinnes der einschlägigen Branchen ist. Zu Zeiten hoher Massenkaufkraft werden sowohl die Hersteller von Grabmälern als auch die Gärtnereibetriebe in ihrem Bemühen erfolgreich sein, den meisten Hinterbliebenen einen hohen Qualitätsstandard an Grabgestaltung zu suggerieren.

3.8.3 Die zunehmende Sprachlosigkeit des modernen Friedhofs

Inschriften auf Grabmälern, wie sie Ariès als typisch für das 19. Jahrhundert zitierte, findet man heute selten. Qualitäten des Verstorbenen werden am ehesten noch in den Todesanzeigen, die in den Tageszeitungen erscheinen oder verschickt werden, genannt. Beispiele sind: „Unser treusorgender Vater" oder „Unsere liebe, gute Mutter". Oft wollen auch Verse solche Qualitäten zum Ausdruck bringen: „Ein treues Mutterherz hat aufgehört zu schlagen" oder „Wer treu gesorgt, bis ihm das Auge bricht, den vergißt man nicht".[167] Die Grabmäler enthalten kaum mehr Aussagen über den Toten.[168] Sie werden immer schweigsamer.

Der Verfasser hat versucht, anhand einer kleinen, bestimmt nicht repräsentativen Stichprobe einen der vielen Schritte zur Sprachlosigkeit der Grabsteine deutlich zu machen. Er erfaßte auf dem Friedhof einer südhessischen Stadt mit ca. 30.000 Einwohnern die Grabmäler von jeweils 58 Reihengräbern[169] aus den Jahren 1961/62 und 1981/82. Material der Grabmäler war Stein, sofern nicht das anfänglich aufgestellte provisorische Holzkreuz stehengeblieben war. Zwei der 58 Gräber aus den Jahren 1961/62 waren aufgelassen worden. Erfaßt wurden bei den Grabmälern symbolische Darstellungen (z. B. Kreuz, Taube, Palmzweig u. ä.), Vorsprüche (z. B. „Hier ruht . . .", „Hier ruht in Gott . . .", Vor-, Zu- und evtl. Geburtsname, Datum von Geburt und Tod (und zwar danach, ob vollständig oder nur Jahresangabe) sowie sonstige Sprüche (Von „Ruhe in Frieden" über „Wir alle sind später geladen" bis „Schade, daß du gingst lange vor deiner Zeit"). Die Berufsbezeichnung, die früher häufig auf Grabmälern genannt wurde, wurde lediglich einmal auf einem Grabstein von 1961/62 aufgeführt. Auf allen Grabmälern, das gilt für die aus den Jahren 1961/62 wie die von 1981/82, waren Vor-, Zu- und (falls möglich) Geburtsname des Verstorbenen sowie Geburts- und Sterbejahr verzeichnet. Lediglich auf den Holzkreuzen fehlte das Geburtsjahr. Für die sonstigen Details ergab sich folgendes Bild:

Tabelle 8: Details von 58 Grabmälern aus den Jahren 1961/62 und 1981/82

Detail	Anzahl (alle n = 58)	
	1961/62	1981/82
Symbol	46	52
Vorspruch	25	1
Tag und Monat von Geburt und Tod	15	1
Spruch	18	3

Lediglich das Symbol ist also etwas häufiger bei den neuen Grabmälern zu finden, was auf die aufgelassenen Gräber und eine größere Zahl von Holzkreuzen aus den Jahren 1960/61 zurückzuführen ist. Manche Angaben auf den älteren Gräbern wie „Hier ruht in Gott" oder „15.4. - 28.8." oder „Ruhe sanft" mögen nicht allzu informativ sein; aber dennoch wird deutlich: Vorstellungen der Toten und ihrer Angehörigen und Eigenarten der Toten und des Todes werden seltener der Öffentlichkeit preisgegeben; sie bleiben denen vorbehalten, die dem Verstorbenen nahestanden. Auch hier zeigt sich – wie bei bestimmten Begräbnisformen – die Flucht aus der Öffentlichkeit in die Zentrierung auf die eigene Familie. Bei dieser Interpretation ist berücksichtigt, daß, abgesehen vom Verbot der bildlichen Darstellung des Verstorbenen auf dem Grabmal, in der örtlichen Friedhofsordnung keine Bestimmungen über die inhaltliche Gestaltung des Schmucks und der Inschrift vorliegen. Die Entwicklung ist das Resultat der Entscheidung der Angehörigen, die den Grabstein bestellen, oder der Toten, die, was selten sein dürfte, zu Lebzeiten das Grabmal inhaltlich festlegten. Allerdings gibt auch die Grabsteinindustrie in ihren Prospekten Muster vor.

Man könnte diesen hier in einer kleinen Etappe nachgezeichneten Prozeß auch als Anonymisierung bezeichnen. Aber mit dem zuletzt aufgezeigten Stand ist noch nicht der aktuelle Endpunkt einer Entwicklung markiert. Seit etwa 10 Jahren besteht auch in Deutschland, vor allem in Großstädten, die Möglichkeit der Anonymbestattung, die in Skandinavien schon länger praktiziert wird.[170] Die Urne, seltener der Sarg, werden außerhalb der normalen Öffnungszeiten der Friedhöfe auf einem dafür vorbehaltenen, mit Rasen versehenen Friedhofsteil beigesetzt. Grabmäler werden keine aufgestellt. Die Angehörigen erhalten zwar eine Benachrichtigung, daß der Tote beigesetzt ist; sie wissen aber nicht, wo die Grabstätte liegt. In der Regel können sie davon ausgehen, daß der Verstorbene auf dem für anonyme Bestattungen vorgesehenen Friedhofsteil begraben ist. Genaues werden sie nie erfahren; die Entscheidung für eine Anonymbestattung kann nicht rückgängig gemacht werden. Die Motive für diese Form der Beisetzung sind unterschiedlich: Sie reichen von der Dokumentation der Überzeugung, daß mit dem Tod alles aus sei, bis zur Rücksichtnahme auf die Angehörigen, denen man die Grabpflege nicht zumuten will. Auch alleinstehende Menschen sind geneigt, diese Bestattungsart zu wählen. In einer Reportage der Wochenzeitung „Die Zeit“ kamen Angehörige von anonym Bestatteten zu Wort. Die Mehrheit brachte ihre Zufriedenheit mit dem Entschluß der Anonymbestattung zum Ausdruck. Aber ein Stachel bleibt. Bei jedem Besuch stellen sich die Angehörigen der anonym Bestatteten die Frage: Wo liegt der Tote begraben? Und hier kommt wohl das Defizit der Anonymbestattung zutage. Dieses m. E. nicht unbedenkliche Defizit fühlte auch Jutta Rosbach, die Autorin der Reportage, wenn sie schreibt, „daß die pflegeleichte und anonyme Bestattung das Bedürfnis nach einem eigenen Bezugspunkt der Trauer nicht ersetzt – im Gegenteil, ihre Notwendigkeit wird um so deutlicher".

3.8.4 Alternativen zum Friedhof

Kritik an der Friedhofsgestaltung wird vor allem von Künstlern laut. Bazon Brock etwa möchte die Toten stärker in das Bewußtsein der Lebenden rücken.[171] Er weist auf die Vorstellungen Nanda Vigos hin, Friedhofshochhäuser in den Großstädten zu errichten, oder auf Hans Hollsteins Projekt von Hünengräbern über Wien. Seine eigenen Vorschläge zielen auf die Ausstattung von Untergrundbahnschächten mit Grabkammern oder die Beerdigung von Toten auf Fußballplätzen und Autobahnen mit sichtbaren Grabplatten. Doch er will mehr als ein memento mori. „Die Toten unter den Lebenden gegenwärtig zu halten, heißt eben nichts anderes, als den Anspruch der Individuen gegen die kollektive Anonymität durchzusetzen."[172] So schlägt er in Ergänzung seiner Pläne vor, mit Hilfe der elektronischen Datenverarbeitung Wichtiges über das einzelne Leben zu speichern, um es der Anonymität zu entreißen. Die Vorschläge dieser Künstler sind Ausdruck des Zeitgeistes: Sie wollen an einem „Tabu" rütteln; ihnen liegen auch durchaus plausible, keineswegs moderne Bedürfnisse der Menschen zugrunde: Sie wollen die Toten lebendig im Gedächtnis erhalten, sie nicht endgültig verlorengehen lassen. Aber dennoch werden ihre Pläne kaum realisiert werden. Der Friedhof ist eine in langen Traditionen verankerte Institution, die bisher keine allgemeine Kritik hervorrief und die sich durchaus funktional im Sinne der Bewältigung von Trauer auswirkt. Für ihre Beseitigung und für die Schaffung von Alternativen der skizzierten Art dürften sich nur wenige Zeitgenossen mobilisieren lassen.

Anmerkungen zu Kapitel 3:

1 Vgl. Bernard Schoenberg and Arthur C. Carr, Loss of External Organs: Limb Amputation, Mastectomy, and Disfiguration, in: Bernard Schoenberg u.a. (Hrsg), Loss and Grief: Psychological Management in Medical Practice, 1970, S. 119 - 131

2 Vgl. K.Z. Altshuler, Reaction to and Management of Sensory Loss: Blindness and Deafness, in: Bernard Schoenberg u.a. (Hrsg.), Loss and Grief: Psychological Management in Medical Practice, 1970, S. 140 - 155

3 Vgl. Robert Fulton, Death and the Funeral in Contemporary Society, in: Hannelore Wass (Hrsg.), Dying, 1979, S. 241f.

4 Vgl. Edward Shorter, Die Geburt der modernen Familie, 1977, S, 175ff.

5 Vgl. dazu auch Geoffrey Gorer, Death, Grief, and Mourning, 2. Aufl. 1977, S. 121

6 Marshall spricht in diesem Zusammenhang von der „community" (Victor W. Marshall, Last Chapters, 1980, S. 151).

7 Vgl. Lothar Krappmann, Soziologische Dimensionen der Identität, 1971, S. 24f., 59

8 George Herbert Mead, Geist, Identität und Gesellschaft, hrsg. von Charles W. Morris, 1968, S. 180

9 Vgl. auch ebd., S. 238, wo Mead ausdrücklich auf das Familienleben Bezug nimmt.

10 Ebd., S. 204f.

11 Ebd., S. 206

12 Vgl. dazu Norbert Elias, Über die Einsamkeit der Sterbenden in unseren Tagen, 1982, S. 62. Ähnliche Auffassungen äußerte Elias schon in seiner Schrift „Was ist Soziologie?". Vgl. dazu Norbert Elias, Was ist Soziologie?, 1970, S. 148. Auf diese Schrift sei verwiesen. weil dort Trauer in den Zusammenhang der von Elias entwickelten Figurationssoziologie gestellt wird.

13 Robert J. Kastenbaum, Death, Society, and Human Experience, 1977, S. 247

14 Vgl. Krappmann, S. 8

15 Ebd., S. 75

16 Ebd., S. 76

17 Vgl. ebd., S. 39

18 Vgl. ebd., S. 39f.

19 Vgl. Albert Kozma and Michael J. Stones, Bereavement in the Elderly, in: B. Mark Schoenberg (Hrsg.), Bereavement Counseling, 1980, S. 215f.

20 Vgl. Richard A. Kalish and David K. Reynolds, Death and Ethnicity, 1976, S. 29f.

21 Vgl. Werner Fuchs, Todesbilder in der modernen Gesellschaft, 1968, S. 166

22 David Sudnow, Organisiertes Sterben, 1973, S. 224

23 Vgl. Kalish and Reynolds, S. 33f. Die dort vorgelegten Angaben über einzelne Ethnien können in unserem Zusammenhang vernachlässigt werden.

24 Vgl. Gorer, S. 162

25 Vgl. dazu Sudnow, S. 176f.

26 Emile Durkheim, Die elementaren Formen des religiösen Lebens, 1981, S. 532

27 Gorer, S. 58

28 Vgl. Lily Pincus,...bis daß der Tod euch scheidet, 1982, S. 290ff.; David Mandelbaum, Social Uses of Funeral Rites, in: Herman Feifel (Hrsg.), The Meaning of Death, 1959, S. 214 und Gorer, S. 57ff., der sich auf die ersten Kontakte mit den Hinterbliebenen nach dem Trauerfall bezieht.

29 Vgl. Paul Michael Zulehner, Heirat – Geburt – Tod, 1976, S. 225

30 Vgl. Sudnow, S. 180ff.

31 Vgl. ebd., S. 198ff.

32 Vgl. dazu Richard Huntington und Peter Metcalf, Celebrations of Death, 2. Aufl. 1980, S. 27f.

33 Zulehner, S. 229

34 Vgl. Gorer, S. 76ff.

35 Ebd., S. 75

36 Vgl. Marshall, S. 31ff.

37 Vgl. ebd., S. 31

38 Ein solches zweites Begräbnis bei den Kota in Südindien beschreibt detailliert Mandelbaum. Vgl. Mandelbaum, S. 190ff. In diesem Zusammenhang müssen auch der Name des Völkerkundlers Robert Hertz und seine Arbeit „Contribution à une étude sur la représentation collective de la mort“ in: Année sociologique 10 (1907), S. 48 - 137 genannt werden. Zu Hertz vgl. auch Huntington und Metcalf, S. 13ff. und S. 61ff.

39 Nikolaus Kyll, Tod, Grab, Begräbnisplatz, Totenfeier, 1972

40 Vgl. Alois Hahn, Einstellungen zum Tod und ihre soziale Bedingtheit, 1968, S. 130

41 K.R. Eissler, Der sterbende Patient, 1978, S. 43

42 Das von mir explizierte Modell orientiert sich an Vorstellungen von Hollingsworth und Pasnau. Vgl. Charles E. Hollingsworth and Robert O. Pasnau, Parent's Reactions to the Death of Their Child, in: Dies. u.a., The Family in Mourning, 1977 (c), S. 64ff. Ein ähnliches Modell mit drei Stufen schlägt

auch Gorer vor. Vgl. Gorer, S. 152. Gorer weist auf G. Engel und J. Bowlby, zwei wichtige Figuren der Trauerforschung hin, die ebenfalls derartige dreistufige Modelle entwarfen; vgl. Gorer, S. 145 bzw. S. 147. Bowlby und Parker kennen ein vierstufiges Modell: „shock and numbness. yearning and searching, disorientation and disorganization, and resolution and reorganization." (Glen W. Davidson, Hospice Care for the Dying, in: Hannelore Wass (Hrsg.), Dying, 1979, S. 174) Der Schritt von der zweiten zur dritten Stufe wird durch das zunehmende Bewußtsein von der Realität des Verlustes geleitet. Dieses wichtige Modell ist aber für die Analyse, die im Rahmen dieser Schrift vorgelegt werden soll, weniger geeignet. Von den zahlreichen Modellen mit z.T. mehr als drei Phasen sei noch das von Robert A. Edgar genannt, das fünf Stufen umfaßt. Vgl. Robert A. Edgar, How to Understand Grief, in: Austin H. and Lillian G. Kutscher (Hrsg.), Religion and Bereavement, 1972, S. 105 - 109

43 Richard A. Kalish, Death, Grief, and Caring Relationships, 1981, S. 195

44 Vgl. Pincus, S. 136

45 In bezug auf die Häufigkeit der Besuche beim Allgemeinmediziner unterscheiden sich die Gruppen nicht. Vgl. Colin Murray Parkes, The Broken Heart, in: Edwin S. Shneidman (Hrsg.), Death, 1976, S. 340

46 Vgl. ebd., S. 342

47 Vgl. Ralph A. Redding, Physiology of Dying, in: Hannelore Wass (Hrsg.), Dying, 1979, S. 99

48 Vgl. dazu auch Kalish, S. 241

49 Vgl. dazu R. W. Ramsay and J. A. Happée, The Stress of Bereavement: Components and Treatment, in: Charles D. Spielberger and Irwin G. Sarason (Hrsg.), Stress and Anxiety, Bd. 4, 1977, S. 55ff, Eine sehr starke Differenzierung der Gefühlszustände mit entsprechenden Prozentangaben, bezogen auf 58 Trauernde, findet sich in: Delia Battin u.a., Clinical Observations on Bereaved Individuals, in: Elisabeth R. Prichard u.a. (Hrsg.), Social Work with the Dying Patient and the Family, 1977, S. 80 - 96

50 Vgl. Battin u.a., S. 91

51 Vgl. Sigmund Freud, Trauer und Melancholie, in: Ders., Gesammelte Werke, Bd. 10, 4. Aufl. 1967, S. 440ff.

52 Die im folgenden genannten Ziele werden – wenn auch zum Teil mit anderer Akzentsetzung – von Arndt und Gruber aufgeführt. Vgl. Hilda C. M. Arndt and Mitti Gruber, Helping Families Cope with Acute and Anticipatory Grief, in: Elisabeth R. Prichard u.a. (Hrsg.), Social Work with the Dying Patient and the Family, 1977, S. 40ff.

53 Fuchs, S. 166 (Sperrung von mir, G. S.)

54 Vgl. Silvano Arieti und Jules Bemporad, Depression, 1983, S. 184

55 Vgl. Kalish, S. 240

56 Hahn, S. 72

57 Vgl. dazu und zum folgenden Fuchs, S. 150ff.

58 Battin, S. 94

59 Vgl. dazu L. A. Bugen, Human Grief: A Model for Prediction and Intervention, in: American Journal of Orthopsychiatry 47 (1977), S. 196 - 206

60 Zu den vorgelegten Zahlen vgl. Insa Fooken, Zur Situation älterer Witwen, in: Ursula Lehr (Hrsg.), Seniorinnen, 1978, S. 114

61 Für die USA vgl. Kalish, S. 240f.
62 Vgl. ebd., S. 240
63 Vgl. Kastenbaum, S. 235
64 Vgl. Kalish, S. 240
65 Vgl. Pincus, S. 292
66 Vgl. ebd., S. 291f.
67 Kalish, S. 239
68 Vgl. ebd., S. 239f.
69 Vgl. ebd., S. 239
70 Vgl. Gorer, S. 128
71 Vgl. Philippe Ariès, Geschichte des Todes, 1980, S. 760ff.
72 Vgl. dazu besonders Kalish und Reynolds, S. 108
73 Vgl. Kastenbaum, S. 254
74 Vgl. Freud, S. 429
75 Vgl. Charles E. Hollingsworth and Robert O. Pasnau, Delayed Grief and Pathological Mourning, in: Dies. u.a., The Family in Mourning, 1977 (a), S. 104
76 Ebd., S. 105
77 Zur antizipierten Trauer vgl. u.a. James A. Knight and Frederic Herter, Anticipatory Grief, in: Austin H. Kutscher (Hrsg.), Death and Bereavement, 2. Aufl 1974, S. 196 - 201 sowie den Sammelband: Bernard Schoenberg u.a. (Hrsg.), Anticipatory Grief, 1974
78 Vgl. Robert Jay Lifton and Eric Olson, Living and Dying, 1974, S. 116
79 James L. Titchener and Frederic T. Kapp, Family and Character Change at Buffalo Creek, in: The American Journal of Psychiatry 133 (1976), S. 295
80 Vgl. Erich Lindemann, Beyond Grief, 1979, S. 69 ff.
81 Vgl. Hollingsworth and Pasnau, 1977 (a), S. 105 f.
82 Vgl. Kozma und Stones, S. 230
83 Vgl. James O. Carpenter and Charles M. Wylie, On Aging, Dying and Denying: Delivering Care to Older Dying Patients, in: James P. Carse and Arlene B. Dallery (Hrsg.), Death and Society, 1977, S. 330
84 Vgl. Fuchs, S. 155
85 Vgl. Parkes S. 342
86 Franco Rest, Den Sterbenden beistehen, 1981, S. 145
87 Vgl. ebd., S. 146f.
88 Vgl. Edwin S. Shneidman, Postvention and the Survivor – Victim, in: Ders. (Hrsg.), Death, 1976 (b), S. 348
89 Vgl. dazu und zum folgenden Yorick Spiegel, Der Prozeß des Trauerns, 1973, S. 85
90 Vgl. Fulton, S. 252
91 Für amerikanische Verhältnisse vgl. Henry J. Heimlich and Austin H. Kutscher, The Family's Reaction to Terminal Illness, in: Bernard Schoenberg u.a. (Hrsg.), Loss and Grief: Psychological Management in Medical Practice, 1970, bes. S. 275 ff.
92 Vgl. Bernard Schoenberg and Arthur C. Carr, Educating the Health Professional in the Psychosocial Care of the Terminally Ill, in: Bernard Schoenberg u.a. (Hrsg.), Psychosocial Aspects of Terminal Care, 1972, S. 4

93 Zu diesen noch relativ groben Rastern vgl. C. Murray Parkes, Evaluation of Family Care in Terminal Care, in: Elizabeth R. Prichard u.a. (Hrsg.), Social Work with the Dying Patient and the Family, 1977, S. 73ff.

94 Z.B. Elizabeth R. Prichard u.a. (Hrsg.), Social Work with the Dying Patient and the Family, 1977 oder B. Mark Schoenberg (Hrsg.), Bereavement Counseling, 1980

95 Vgl. Betty B. Satterwhite u.a., Parent groups as an aid in mourning and grief work, in: Olle Jane Z. Sahler (Hrsg.), The Child and Death, 1978, S. 211 - 218

96 Vgl. Charles A. Corr, Living with the Changing Face of Death, in: Hannelore Wass (Hrsg.), Dying, 1979, S. 63 sowie Hal Lipton, The dying child and the family: the skills of the social worker, in: Olle Jane Z. Sahler (Hrsg.), The Child and Death, 1978, S. 52 - 71

97 Vgl. Phyllis Rolfe Silverman, The Widow-to-Widow Program: An Experiment in Preventive Intervention, in: Edwin S. Shneidman (Hrsg.), Death, 1976, S. 356 - 363

98 Vgl. Robert O. Pasnau and Charles E. Hollingsworth, The Grieving Spouse, in : Charles E. Hollingsworth and Robert O. Pasnau u.a., The Family in Mourning, 1977, S. 86f. Die Adressen von zahlreichen Telefonseelsorgestellen in der Bundesrepublik Deutschland enthält die Schrift: Hermann Pohlmeier, Selbstmord und Selbstmordverhütung, 1978, S. 158 - 162

99 Vgl. Pohlmeier, S. 51, 64

100 Vgl. ebd., S. 66f.

101 Zu den Adressen vgl. ebd., S. 157

102 Vgl. ebd., S. 130f.

103 Ebd. S. 96

104 Vgl. ebd., S. 119ff.

105 Ebd., S. 61 (Im Original z.T. Hervorhebungen)

106 Zu dieser Ansicht gelangte ich nach einer Durchsicht des Bestandes der Universitätsbibliothek Mainz

107 Vgl. W. Dewi Rees, Bereavement and Illness, in: Bernard Schoenberg u.a. (Hrsg.), Psychosocial Aspects of Terminal Care, 1972, S. 217

108 Vgl. Mandelbaum, S. 195f.

109 Vgl. Leroy Bowman, Group Behavior at Funeral Gatherings, in: Sandra Galdieri Wilcox and Marilyn Sutton (Hrsg.), Understanding Death and Dying, 2. Aufl. 1981, S. 190

110 Vgl. Gorer, S. 164

111 Vgl. Bowman, S. 190, der auch auf die Möglichkeit solcher Kommunikation bei den Totenwachen hinweist.

112 Vgl. Spiegel, S. 109ff.

113 Natürlich ist auch zu bedenken, was Sudnow schreibt: „Unter Umständen kann ein ‚armseliges Trauergefolge' für die Hinterbliebenen ein ebenso harter Schlag sein wie der Todesfall selbst." (Sudnow, S. 210) Das läßt sich durch eine „Beerdigung in aller Stille" vermeiden.

114 Vgl. Spiegel, S. 108

115 Quelle: Einäscherungen 1982, in: Der Städtetag 36 (1983), S. 656; bezüglich der USA gibt Kalish für 1979 den Prozentsatz der Kremationen mit 9% an, vgl. dazu Kalish, S. 251

116 Vgl. Jürgen Gaedke, Handbuch des Friedhofs- und Bestattungsrechts, 4. Aufl. 1977, S. 224
117 Zu diesen und den folgenden Angaben vgl. Einäscherungen 1982, S. 656
118 Vgl. John Okoro, Über die Einstellung zum Tod, 1981, S. 149
119 Errechnet aus Angaben in: Statistisches Bundesamt (Hrsg.), Statistisches Jahrbuch 1975 bzw. 1982 für die Bundesrepublik Deutschland, 1975 bzw. 1982, S. 123f. bzw. 88f.
120 Vgl. Zulehner, S. 209
121 Vgl. dazu und zu den folgenden Daten: Otto B, Roegele, Soll die Kirche vom Tod sprechen?, in: Karl Forster (Hrsg.), Befragte Katholiken - Zur Zukunft von Glaube und Kirche, 1973, S. 147
122 Allein 1980 waren 119 814 Austritte aus der evangelischen und 66 438 Austritte aus der katholischen Kirche zu verzeichnen. Vgl. Statistisches Bundesamt (Hrsg.), 1982, S. 88f. Es ist anzunehmen, daß sich ein großer Teil der Personen, die austreten, nicht einer anderen Religionsgemeinschaft anschließt; Vgl. dazu auch ebd. die geringen Zahlen für Übertritte.
123 Charles E. Hollingsworth and Robert O. Pasnau, Man's Attitudes Toward Death: Funerals and Rituals, in: Dies. u.a., The Family in Mourning, 1977 (b), S. 139
124 Vgl. Jessica Mitford, Der Tod als Geschäft, 1965, S. 20ff.
125 Ebd., S. 34
126 Vgl. ebd., S. 28f.
127 Warren Shibles, Death, 1974, S. 453
128 Vgl. Fulton, S. 244f.
129 Vgl. ebd., S. 243
130 Vgl. dazu Carol Taylor, The Funeral Industry, in: Hannelore Wass (Hrsg.), Dying, 1979, S. 381f.
131 Vgl. ebd., S. 382
132 Vgl. ebd., S. 380f.
133 Vgl. Shibles, S. 425 -430
134 Vgl. z.B. Fuchs, S. 171ff.; ähnlich auch Jean Zielger, Die Lebenden und der Tod, 1977, S. 32
135 Fuchs, S. 171
136 Vgl. dazu Hahn, S. 86ff.
137 Peter Berger und Richard Lieban, Kulturelle Wertstruktur und Bestattungspraktiken in den Vereinigten Staaten, in: Kölner Zeitschrift für Soziologie und Sozialpsychologie 12 (1960), S. 230f. Ähnlich argumentiert der berühmte amerikanische Soziologe Talcott Parsons in einem Beitrag, den er mit Lidz verfaßte. Vgl. Talcott Parsons and Victor Lidz, Death in American Society, in: Edwin S. Shneidman (Hrsg.), Essays in Self-Destruction, 1967, S. 155
138 Vgl. Fuchs, S. 155
139 Vgl. Ariès, S. 490ff.
140 Mitford, S. 96
141 Vgl. Mario Puzo, Der Pate, 1969, S. 301
142 Kalish, S. 253
143 Gorer, S. 111 (Übersetzung in Anlehnung an Philippe Ariès, Studien zur Geschichte des Todes im Abendland, 1976, S. 180)

144 Vgl. z.B. Otto Böcher, Der alte Judenfriedhof in Worms, 3. Aufl. 1962; Alfred Boerckel, Der Mainzer Friedhof, 1903; R. A. Linhof, Die Kultur der Münchener Friedhofs-Anlagen Hans Grässels, 1918 sowie natürlich Ariès 1980, S. 43ff., 342ff., 404ff., 431ff., 603ff.
145 Vgl. z.B. Rudolf Pfister (Hrsg.), Die Friedhof-Fibel, 1952 oder Otto Valentien, Der Friedhof, 1953
146 Vgl. Ariès 1980, S. 43ff.
147 Ebd., S. 92
148 Ebd., S. 446
149 Diesen Hinweis verdanke ich einem Teilnehmer meines Seminars „Sterben und Trauern in der modernen Gesellschaft" an der Universität Mainz im Winter 1982/83
150 Ariès 1980, S. 675
151 Vgl. Kalish and Reynolds, S. 148ff.
152 Vgl. dazu Hahn, S. 44 sowie Fuchs, S. 169f.
153 Saul Bellow, Humboldts Vermächtnis, 1976, S. 228f.
154 Ziegler, S. 58
155 Ebd., S. 59
156 Vgl. Fuchs, S. 172
157 Vgl. Mitford, S. 138f.
158 Vgl. ebd., S. 162f.
159 Vgl. Gaedke, S. 16
160 Ebd., S. 13
161 Vgl. ebd., S. 621 - 649
162 Vgl. ebd., S.155
163 Vgl. ebd., S. 626, 628
164 Vgl. ebd., S. 20, 107
165 Vgl. ebd., S. 41
166 Vgl. David Riesman, Die einsame Masse, 1958, S. 61
167 Beispiele für Todesanzeigen finden sich bei Stella Baum, Plötzlich und unerwartet, 1980. Todesanzeigen böten noch ein weites Untersuchungsfeld. So hat z.B. Kastenbaum in den USA festgestellt, daß Todesanzeigen für Frauen seltener sind. Vgl. Kastenbaum, S. 93ff.
168 Diese Festellung trifft auch Hahn, S. 124ff.
169 Eine Konzentration auf Reihengräber erfolgte, weil bei Wahlgräbern anläßlich der Belegung durch eine neue Generation bisweilen die Grabmäler ausgetauscht wurden.
170 Zur Anonymbestattung vgl. Jutta Rosbach, Mit dem Tod ist Schluß, in: Die Zeit 38 (1983), Nr. 26, S. 45
171 Vgl. Bazon Brock, Ästhetik als Vermittlung, hrsg. von Karla Fohrbeck, 1977, S. 783ff.
172 Ebd., S. 784

4. Intentionen und Desiderate

Existentielle Ereignisse – und Sterben und Trauern sind solche Ereignisse par excellence – verlangen nach Stellungnahme. Mit der vorliegenden Schrift wurde zwar in erster Linie die Absicht verfolgt, eine Zusammenstellung wichtiger Fakten zu Sterben und Trauern aus der Sicht des Soziologen zu bieten. Dabei sollte der kulturkritische Gestus vieler Schriften vermieden werden, es sollte nicht zu einer Entscheidung hinsichtlich der Sinnprobleme geführt werden, die mit dem Tod verknüpft sind. Und doch mußte zu verschiedenen Fragen Position bezogen werden. Man kann nicht leidenschaftslos die Varianten aufzählen, die bezüglich der Information eines Sterbenden über seine Situation möglich sind. Man muß angesichts der Not Trauernder für einen humanen Umgang mit Hinterbliebenen plädieren. Es ist daher kein Lapsus, wenn die Richtung „objektive Information" bisweilen nicht eingehalten wurde, denn Tod und Trauer sind ohne die Aura der Betroffenheit nicht denkbar.

Dieses Buch ist selbstverständlich kein „Rezeptbuch" für Menschen, die als Angehörige oder professionell Befaßte anderen beistehen wollen. Ausgangspunkt der Überlegungen, wie sie hier vorgetragen wurden, ist eine Art Durchschnitt der Fälle. Jeder einzelne Fall – und nur mit solchen Einzelfällen hat es der Helfende zu tun – verlangt die Berücksichtigung der speziellen Situation, verlangt Einfühlung in ein Individuum. Bezüglich der Aussprache mit Sterbenden über ihr Schicksal habe ich deutlich auf die Behutsamkeit, mit der vorzugehen ist, hingewiesen; es gibt für diesen Bereich keine klaren Verhaltensmaßregeln. Dasselbe gilt für die Trauerhilfe. Aber selbst bei allem sowohl von Reflexion wie Einfühlung getragenem Engagement wird jeder, der Beistand leisten will oder muß, bald die Grenzen seiner Möglichkeiten erfahren. Oft wird er an der Hilflosigkeit im engeren Sinne des Wortes leiden. Das mag an den Situationen liegen, z.B. am Stadium einer Krankheit. Aber auch die Menschen, die des Beistandes bedürfen, können sich verweigern, und derjenige, der beistehen will, muß wie ohnmächtig zusehen, daß ein schlimmes Ende heranrückt. Das Ethos des Helfers ist aber gerade dann gefordert. Ist es ihm möglich, in seinen Bemühungen nicht nachzulassen? Kann er in anderen, ähnlich gelagerten Fällen eine resignative Haltung vermeiden, in der das Argument „Es hat doch alles keinen Zweck“ die zentrale Komponente ist?

Dieses Buch sollte auf begrenztem Raum zahlreiche Informationen bieten. Vieles ist sicherlich nur kursorisch behandelt worden. Die Literaturhinweise werden aber den, der sich mit einem Problembereich intensiv beschäftigen will, in die Lage versetzen, dies zu tun. Das gilt auch für einige wichtige Themenkreise zu Sterben und Trauer, die nicht dem Maß ihrer Bedeutung entsprechend aufgegriffen werden konnten. Nicht genügend ausführlich erörtert wurde der Suizid, obwohl dieses Thema seit Emile Durkheims Schrift „Der Selbstmord“ aus dem Jahre 1897 ein wichtiger Gegenstand gerade der Soziologie ist.[1] Spezielle Probleme des Kriegstodes[2] und des Todes durch Gewalt überhaupt[3] wurden nur in bezug auf Trauer gestreift. Die Fragen der Todesstrafe[4] wie des Todes von Frühgeburten[5] wurden völlig ausgespart, ebenso das Märtyrertum und andere im Zusammenhang mit dem Bekenntnis zu einer Weltanschauung stehende Formen des Todes[6]. Vor allem wurde bei der Erörterung von Tod und Trauer nicht nach Lebensaltern spezifiziert. Der heute am häufigsten vorkommende Tod, nämlich der Tod des alten Menschen, bildete meist den gedanklichen Hintergrund der Ausführungen. Von besonderem Gewicht erscheint die Behandlung der

Frage des Sterbens und Trauerns von Kindern. Eltern todgeweihter Kinder wie diese Kinder selbst stehen oft in tiefsten Nöten.[7] Und es ist für das Lebensschicksal eines Kindes, das einen Elternteil oder ein Geschwister verloren hat, wichtig, daß ihm entsprechend seinen Verstehensmöglichkeiten beim Verarbeiten des Verlustes geholfen wird.[8]

Anmerkungen zu Kapitel 4:

1 Emile Durkheim, Der Selbstmord, 1973. Neben der Schrift von Pohlmeier (Fußn. 98 in Kap. 3) sollen an neuerer Literatur über Selbstmord genannt werden : Adrian Holderegger, Suizid und Suizidgefährdung, 1979; C. Reimer (Hrsg.), Suizid, 1982; Erwin Ringel, Der Selbstmord, 3. Aufl. 1984; Peter R. Wellhöfer, Selbstmord und Selbstmordversuch, 1981

2 Vgl dazu Franz Böckle u.a. (Hrsg.), Im Angesicht des Todes leben, 1983, S. 137 - 189

3 Vgl. dazu Meinard Adler, Der Tod und das gewaltsame Lebensende, in: Regine Lockot und Hans Peter Rosemeier (Hrsg.), Ärztliches Handeln und Intimität, 1983, S. 223 - 242

4 Vgl. dazu etwa Harvey Bluestone and Carl L. McGahee, Reaction to Extreme Stress: Impending Death by Execution, in: Sandra Galdieri Wilcox and Marilyn Sutton (Hrsg.), Understanding Death and Dying, 2. Aufl. 1981, S. 120 - 125 oder John Lofland, Open and Concealed Dramaturgic Strategies: The Case of the State Execution, in: Lyn H. Lofland (Hrsg.), Toward a Sociology of Death and Dying, 2. Aufl. 1977, S. 37 - 60; Ernst van den Haag and John P. Conrad, The Death Penalty. 1 Debate, 1983 in deutscher Sprache: Martin Buchhorn, „Sie haben es nicht anders verdient . . .", 1979, S. 164; Karl Bruno Leder, Todesstrafe 1980.

5 Vgl. David Sudnow, Organisiertes Sterben, 1973, S. 141ff.

6 Vgl. V. Reynolds and R.E.S. Tanner, The biology of religion, 1983, S. 195ff.

7 Hervorragend ist der Sammelband: Olle Jane Z. Sahler (Hrsg.), The Child and Death, 1978. Bei der Literatur in deutscher Sprache soll verwiesen werden auf: Dieter Bürgin. Das Kind, die lebensbedrohende Krankheit und der Tod, 1978 sowie Marielene Leist, Kinder begegnen dem Tod, 1976 (zu Leist vgl. Fußn. 8)

8 Neben Sahler und Leist sollen genannt werden: Tobias Brocher, wenn Kinder trauern. 2. Aufl. 1981; Erna Furman. Ein Kind verwaist, 1977 sowie Ginette Raimbault, Kinder sprechen vom Tod, 1980. Die Schriften von Brocher und besonders die von Leist sind sehr verständlich geschrieben.

Literaturverzeichnis

Ad Hoc Committee of the Harvard Medical School to Examine the Definition of Brain Death, A Definition of Irreversible Coma, in: Journal of the American Medical Association 205 (1968), S. 337 - 340, wieder abgedruckt in: Richard F. Weir (Hrsg.), Ethical Issues in Death and Dying, New York 1977, S. 82 - 89

Adler, Meinard, Der Tod und das gewaltsame Lebensende, in: Regine Lockot und Hans Peter Rosemeier (Hrsg.), Ärztliches Handeln und Intimität, Stuttgart 1983, S. 223 - 242

Altshuler, K. Z., Reaction to and Management of Sensory Loss: Blindness and Deafness, in: Bernard Schoenberg u.a. (Hrsg.), Loss and Grief: Psychological Management in Medical Practice, New York 1970, S. 140 - 155

Ariès, Philippe, Geschichte des Todes, München – Wien 1980 (Originalausgabe: L'Homme devant la mort, Paris 1977)

Ariès, Philippe, Studien zur Geschichte des Todes im Abendland, München – Wien 1976 (Originalausgabe: Essais sur l'histoire de la mort en occident, Paris 1976)

Arieti, Silvano und Bemporad, Jules, Depression, Stuttgart 1983 (Originalausgabe: Severe and Mild Depression, New York 1978)

Arndt, Hilda C. M. and Gruber, Mitti, Helping Families Cope with Acute and Anticipatory Grief, in: Elizabeth R. Prichard u.a. (Hrsg.), Social Work with the Dying Patient and the Family, New York 1977, S. 38 - 48

Axelrod, Bruce H., The chronic care specialist: „but who supports us?“, in: Olle Jane Z. Sahler (Hrsg.) ,The Child and Death, St. Louis/Miss. 1978, S. 139 - 150

Ballerstedt, Eike und Glatzer, Wolfgang, Soziologischer Almanach, Frankfurt/M. – New York 1975

Battin, Delia u.a., Clinical Observations on Bereaved Individuals, in: Elizabeth R. Prichard u.a. (Hrsg.), Social Work with the Dying Patient and the Family, New York 1977, S. 80 - 96

Baum, Stella, Plötzlich und unerwartet, Düsseldorf 1980

Becker, Paul, Der Schritt zum Henker ist nicht weit, in: Rheinischer Merkur/ Christ und Welt 37 (1981), Nr. 8, S. 25

Bellow, Saul, Humboldts Vermächtnis, Köln 1976 (Originalausgabe: Humboldt's Gift, New York 1973)

Benn, Gottfried, Lyrik, 3. Aufl., München – Zürich 1975

Bereiter-Hahn, Jürgen, Biologische Aspekte des Begriffs „Tod“, in: Rabanus Maurus-Akademie (Hrsg.), Stichwort: Tod, Frankfurt/M. 1979, S. 9 - 22

Berger, Peter L., Zur Dialektik von Religion und Gesellschaft, Frankfurt/M. 1973 (Originalausgabe: The Sacred Canopy, Garden City/N.Y. 1967)

Berger, Peter L., Ein Marktmodell zur Analyse ökumenischer Prozesse, in: Joachim Matthes (Hrsg.), Internationales Jahrbuch für Religionssoziologie, Bd. I, Köln – Opladen 1965, S. 235 - 249

Berger, Peter und Lieban, Richard, Kulturelle Wertstruktur und Bestattungspraktiken in den Vereinigten Staaten, in: Kölner Zeitschrift für Soziologie und Sozialpsychologie 12 (1960), S. 224 - 236

Bernstein, Barton E., Death and the Law, in: Hannelore Wass (Hrsg.), Dying, Washington – New York – London 1979, S. 282 - 316

Bluestone, Harvey and McGahee, Carl L., Reaction to Extreme Stress: Impending Death by Execution, in: Sandra Galdieri Wilcox and Marilyn Sutton (Hrsg.), Understanding Death and Dying, 2. Aufl., Palo Alto/Cal. 1981, S. 120 - 125

Böcher, Otto, Der alte Judenfriedhof in Worms, 3. Aufl., Worms 1962

Böckle, Franz u.a. (Hrsg.), Im Angesicht des Todes leben, Freiburg/B. 1983

Boerckel, Alfred, Der Mainzer Friedhof, Mainz 1903

Bowman, Leroy, Group Behavior at Funeral Gatherings, in: Sandra Galdieri Wilcox and Marilyn Sutton (Hrsg.), Understanding Death and Dying, 2. Aufl., Palo Alto/Cal. 1981, S. 189 - 193

Brandon, S. G. F., The Deification of Time, in: J. T. Fraser (Hrsg.), The Study of Time, Berlin – Heidelberg – New York 1972, S. 370 - 382

Brandon, S. G. F., History, Time and Deity, Manchester – New York 1965

Brocher, Tobias, Wenn Kinder trauern, 2. Aufl., Zürich 1981

Brock, Bazon, Ästhetik als Vermittlung, hrsg. von Karla Fohrbeck, Köln 1977

Bron, Bernhard, Suizidalität und Freiheit, in: Medizin – Mensch – Gesellschaft 9 (1984), S. 47 - 60

Buchhorn, Martin, „Sie haben es nicht anders verdient ...", Weinheim – Basel 1979

Bürgin, Dieter, Das Kind, die lebensbedrohende Krankheit und der Tod, Bern – Stuttgart – Wien 1978

Bugen, L. A., Human Grief: A Model for Prediction and Intervention, in: American Journal of Orthopsychiatry 47 (1977), S. 196 - 206

Capron, Alexander Morgan and Kass, Leon R., A Statutory Definition of the Standards for Determining Human Death: An Appraisal and a Proposal, in: James B. Carse and Arlene B. Dallery (Hrsg.), Death and Society, New York – Chicago – San Francisco – Atlanta 1977, S. 271 - 284

Carey, Raymond G., Leben bis zum Tod, in: Elisabeth Kübler-Ross (Hrsg.), Reif werden zum Tode, 2. Aufl., Gekürzte TB-Ausgabe, Gütersloh 1982, S. 69 - 83 (Originalausgabe: Death: The Final Stage of Growth, Englewood-Cliffs/N.J. 1975)

Carpenter, James O. and Wylie, Charles M., On Aging, Dying and Denying: Delivering Care to Older Dying Patients, in: James P. Carse and Arlene B. Dallery (Hrsg.), Death and Society, New York – Chicago – San Francisco – Atlanta 1977, S. 327 - 335

Cassell, Eric J., Telling the Truth to the Dying Patient, in: Jean Tachè u.a. (Hrsg.), Cancer, Stress, and Death, New York – London 1979, S. 121 - 128

Cervantes, Don Quixote, München 1958

Coombs, Robert H., and Powers, Pauline S., Socialization for Death: The Physician's Role, in: Lyn H. Lofland (Hrsg.), Toward a Sociology of Death and Dying, 2. Aufl., Beverly Hills – London 1977, S. 15 - 36

Corr, Charles A., Living with the Changing Face of Death, in: Hannelore Wass (Hrsg.), Dying, Washington – New York – London 1979, S. 44 - 72

Daudet, Alphonse, Lettres de mon moulin, o.O. 1951

Davidson, Glen W., Hospice Care for the Dying, in: Hannelore Wass (Hrsg.), Dying, Washington – New York – London 1979, S. 158 - 181

On Death and Dying, in: Public Opinion 5 (1983), Nr. 6, S. 39
Degen, Rolf, Schlafmittel für Lebensmüde, in: Psychologie heute 10 (1983), Nr. 6, S. 76 - 78
Drinan, Robert, F., Should There Be a Legal Right to Die?, in: Robert F. Weir (Hrsg.), Ethical Issues in Death and Dying, New York 1977, S. 297 - 307
Dumont, Richard G. and Foss, Dennis C., The American Way of Death: Acceptance or Denial?, Cambridge/Mass. 1972
Durkheim, Emile, Die elementaren Formen des religiösen Lebens, Frankfurt/M. 1981 (Originalausgabe: Les formes élémentaires de la vie religieuse, Paris 1968 (1912))
Durkheim, Emile, Der Selbstmord, Neuwied – Berlin 1973 (Originalausgabe: Le Suicid, Paris 1960 (1897))
Dyck, Arthur J., An Alternative to the Ethic of Euthanasia, in: Robert F. Weir (Hrsg.), Ethical Issues in Death and Dying, New York 1977, S. 281 - 296
Edgar, Robert A., How to Understand Grief, in: Austin H. and Lillian G. Kutscher (Hrsg.), Religion and Bereavement, New York 1972, S. 105 - 109
Einäscherungen 1982, in: Der Städtetag 36 (1983), S. 655 - 656
Eissler, K. R., Der sterbende Patient, Stuttgart – Bad Cannstadt 1978 (Originalausgabe: The Psychiatrist and the Dying Patient, New York 1955)
Elias Norbert, Über die Einsamkeit der Sterbenden in unseren Tagen, Frankfurt/M. 1982
Elias, Norbert, Über den Prozeß der Zivilisation, 2 Bände, 2. Aufl., Bern 1969
Elias, Norbert, Was ist Soziologie?, München 1970
Engelke, Ernst, Situation und Umfeld für Sterbebeistand heute, in: Ders. u.a. (Hrsg.), Sterbebeistand bei Kindern und Erwachsenen, Stuttgart 1979, S. 17 - 29
Feder, Samuel L., Attitudes of Patients with Advanced Malignancy, in: Edwin S. Shneidman (Hrsg.), Death, Palo Alto/Cal. 1976, S. 430 - 438
Feifel, Herman, Attitudes towards Death in Some Normal and Mentally Ill Populations, in: Ders. (Hrsg.), The Meaning of Death, New York 1959, S. 114 - 130
v. Ferber, Christian, Soziologische Aspekte des Todes, in: Zeitschrift für evangelische Ethik 7 (1963), S. 338 - 360
Fletcher, Joseph, Ethics and Euthanasia, in: Robert F. Weir (Hrsg.), Ethical Issues in Death and Dying, New York 1977, S. 348 - 359
Flew, Antony, The Principle of Euthanasia, in: James B. Carse and Arlene B. Dallery (Hrsg.), Death and Society, New York – Chicago – San Francisco – Atlanta 1977, S. 95 - 112
Fooken, Insa, Zur Situation älterer Witwen, in: Ursula Lehr (Hrsg.), Seniorinnen, Darmstadt 1978, S. 102 - 130
Freud, Sigmund, Trauer und Melancholie, in: Ders., Gesammelte Werke, Bd. 10, 4. Aufl., Frankfurt/M. 1967, S. 428 - 446
Fuchs, Werner, Todesbilder in der modernen Gesellschaft, Frankfurt/M. 1969
Fulton, Robert, Death and the Funeral in Contemporary Society, in: Hannelore Wass (Hrsg.), Dying, Washington – New York – London 1979, S. 236 - 255
Furman, Erna, Ein Kind verwaist, Stuttgart 1977
Gaedke, Jürgen, Handbuch des Friedhofs- und Bestattungsrechts, 4. Aufl.,

Köln – Berlin – Bonn – München 1977
Glaser, Barney G. und Strauss, Anselm L., Interaktion mit Sterbenden, Göttingen 1974 (b) (Originalausgabe: Awareness of Dying, 9. Aufl., New York 1979)
Glaser, Barney G. and Strauss, Anselm L., Time for Dying, 2. Aufl., Chicago 1974 (a)
Goldscheider, Calvin, Population, Modernization, and Social Structure, Boston 1971
Gorer, Geoffrey, Death, Grief, and Mourning, 2. Aufl., New York 1977
Gorer, Geoffrey, Die Pornographie des Todes, in: Der Monat 8 (1956), Heft 92, S. 58 -62 (Originaltext: The Pornography of Death, in: Encounter 5 (1955), Nr. 4, S. 49 - 52)
Goodyear, Clelia P., Group Therapy with Advanced Cancer Patients: What are the Issues?, in: Elizabeth R. Prichard u.a. (Hrsg.), Social Work with the Dying Patient and the Family, New York 1977, S. 242 - 250
Gottlieb, Carla, Modern Art and Death, in:Herman Feifel (Hrsg.), The Meaning of Death, New York 1959, S. 157 - 188
Grof, Stanislav und Halifax, Joan, Die Begegnung mit dem Tod, Stuttgart 1980 (Originalausgabe: The Human Encounter with Death, New York 1978)
Guillon, Claude und Le Bonniec, Yves, Gebrauchsanleitung zum Selbstmord, Frankfurt/M. 1982 (Originalausgabe: Suicide, mode d'emploi, Paris 1982)
Gullo, Stephen V. u.a., Suggested Stages and Response Styles in Life-Threatening Illness: A Focus on the Cancer Patient, in: Bernard Schoenberg u.a. (Hrsg.), Anticipatory Grief, New York – London 1974, S. 53 - 78
van den Haag, Ernest and Conrad, John P., The Death Penalty. A Debate, New York und London 1983
Hahn, Alois, Einstellungen zum Tod und ihre soziale Bedingtheit, Stuttgart 1968
Hahn, Alois, Tod und Individualität, in: Kölner Zeitschrift für Soziologie und Sozialpsychologie 31 (1979), S. 746 - 765
Hampe, Johann Christoph, Sterben ist doch ganz anders, Stuttgart – Berlin 1975
Hardt, Dale V., Death, Englewood Cliffs/N.J. 1979
Hartmann, Fritz, Umgang mit Sterbenden in der Geschichte, in: Ernst Engelke u.a. (Hrsg.), Sterbebeistand bei Kindern und Erwachsenen, Stuttgart 1979, S. 5 - 16
Heimlich, Henry J. and Kutscher, Austin H., The Family's Reaction to Terminal Illness, in: Bernard Schoenberg u.a. (Hrsg.), Loss and Grief: Psychological Management in Medical Practice, New York 1970, S. 270 - 279
Hertz, Robert, Contribution à une étude sur la représentation collective de la mort, in: Année sociologique 10 (1907), S. 48 -137
Erste Hilfe, in: Der Spiegel 36 (1982), Nr. 46, S. 256 - 258
Hinton, John, Approaching Death, in: Oscar Hill (Hrsg.), Modern Trends in Psychosomatic Medicine, London – Boston 1976, S. 471 - 490
Hinton, John, Dying, 2. Aufl., Harmondsworth – New York – Victoria – Markham – Auckland 1972
Holderegger, Adrian, Suizid und Suizidgefährdung, Freiburg/Schweiz 1979
Hollingsworth, Charles E. and Pasnau, Robert O. Delayed Grief and Pathologi-

cal Mourning, in: Dies. u.a., The Family in Mourning, New York – San Francisco – London 1977 (a), S. 101 - 115
Hollingsworth, Charles E. and Pasnau, Robert O., Man's Attitudes Toward Death: Funerals and Rituals, in:Dies. u.a., The Family in Mourning, New York – San Francisco – London 1977 (b), S. 133 - 139
Hollingsworth, Charles E. and Pasnau, Robert O., Delayed Grief and Pathologi-Death of Their Child, in: Dies. u.a., The Family in Mourning, New York – San Francisco – London 1977 (c), S. 63 - 67
Huntington, Richard and Metcalf, Peter, Celebrations of Death, 2. Aufl., Cambridge – London – New York - New Rochelle – Melbourne – Sydney 1980
Huppmann, Gernot und Werner, Angela, Sterben in der Institution: psychologische Aspekte, in: Medizin – Mensch – Gesellschaft 7 (1982), S. 155 - 168
Imhof, Arthur E., Die gewonnenen Jahre, München 1981
Kalish, Richard A., Death, Grief, and Caring Relationships, Belmont/Cal. 1981
Kalish, Richard A. and Reynolds, David K., Death and Ethnicity, Los Angeles 1976
Kastenbaum, Robert J., Death, Society, and Human Experience, St. Louis/ Miss. 1977
Kastenbaum, Robert J., Do We Die in Stages?, in: Sandra Galdieri Wilcox and Marilyn Sutton (Hrsg.), Understanding Death and Dying, 2. Aufl., Palo Alto/ Cal. 1981, S. 109 - 117
Kautzky, Rudolf (Hrsg.), Sterben im Krankenhaus, Freiburg/B. 1976
Keil, U. u.a., Soziale Gegebenheiten als Gesundheitsrisiko, in: Bundesgesundheitsblatt 17 (1974), S. 385 - 390
Knight, James A. and Herter, Frederic, Anticipatory Grief, in: Austin H. Kutscher (Hrsg.), Death and Bereavement, 2. Aufl., Springfield/Ill. 1974, S. 196 - 201
Koch, Uwe und Schmeling, Christoph, Ausbildung für den Umgang mit Sterbenden, in: Ernst Engelke u.a. (Hrsg.), Sterbebeistand bei Kindern und Erwachsenen, Stuttgart 1979, S. 125 - 140
Köhle, Karl und Erath-Vogt, Angelika, Die Integration des psychosomatischen Arbeitsansatzes in die klinische Medizin als Voraussetzung zur Institutionalisierung der klinischen Thanatologie, in: Ernst Engelke u.a. (Hrsg.), Sterbebeistand bei Kindern und Erwachsenen, Stuttgart 1979, S. 75 - 98
Kozma, Albert and Stones, Michael., Bereavement in the Elderly, in: B. Mark Schoenberg (Hrsg.), Bereavement Counseling, Westport/Con. – London 1980, S. 213 - 237
Krappmann, Lothar, Soziologische Dimensionen der Identität, Stuttgart 1971
Kübler-Ross, Elisabeth, Interviews mit Sterbenden, gek. TB-Ausgabe, 4. Aufl., Gütersloh 1975 (Originalausgabe: On Death and Dying, New York – London 1969)
Kyll, Nikolaus, Tod, Grab, Begräbnisplatz, Totenfeier, Bonn 1972
Lau, Ephrem Else, Tod im Krankenhaus, Köln 1975
Lebrun, François, Les hommes et la mort en Anjou aux XVIIe et XVIIIe siècles, Paris – La Haye 1971
Leder, Karl Bruno, Die Todesstrafe, Wien – München 1980
Leist, Marielene, Kinder begegnen dem Tod, Gütersloh – Freiburg/B. 1976
Lerner, Monroe, When, Why, and Where People Die, in: Edwin S. Shneidman

(Hrsg.), Death, Palo Alto/Cal. 1976, S. 138 - 162
Lifton, Robert Jay and Olson, Eric, Living and Dying, New York – Washington 1974
Lindemann, Erich, Beyond Grief, New York – London 1979
Lindner, Reinhold und Feist, Dietrich, Den Tod bekämpfen, in: Helmut Aichelin u.a., Tod und Sterben, 2. Aufl., Gütersloh 1979, S. 43 - 60
Linhof, R. A., Die Kultur der Münchener Friedhofs-Anlagen Hans Grässels, München 1918
Lipton, Hal, The dying child and the family: the skills of the social worker, in: Olle Jane Z. Sahler (Hrsg.), The Child and Death, St. Louis/Miss. 1978, S. 52 - 71
Lockot, Regine und Rosemaier, Hans-Peter, Hinweise auf empirische Forschungsergebnisse, in: Dies. (Hrsg.), Ärztliches Handeln und Intimität, Stuttgart 1983, S. 199 - 201
Lofland, John, Open and Concealed Dramaturgic Strategies: The Case of the State Execution, in: Lyn H. Lofland (Hrsg.), Toward a Sociology of Death and Dying, 2. Aufl., Beverly Hills/Cal. – London 1977, S. 37 - 60
Lofland, Lyn H., The Craft of Dying, 2. Aufl., Beverly Hills/Cal. – London 1981
A look at the afterlife, in: Public Opinion 5 (1983), Nr. 6, S. 40
Maguire, Daniel, Deciding for Yourself: The Objections, in: Robert F. Weir (Hrsg.), Ethical Issues in Death and Dying, New York 1977, S. 320 - 347
Mandelbaum, David, Soical Uses of Funeral Rites, in: Herman Feifel (Hrsg.), The Meaning of Death, New York 1959, S. 189 - 217
Mansson, Helge Hilding, Justifying the Final Solution, in: Robert F. Weir (Hrsg.), Ethical Issues in Death and Dying, New York 1977, S. 308 - 319
Mant, A. Keith, The Medical Definition of Death, in: Edwin A. Shneidman (Hrsg.), Death, Palo Alto/Cal. 1976, S. 218 - 231
Marshall, Victor W., Last Chapters, Monterey/Cal. 1980
Marshall, Victor W., Organizational Features of Terminal Status Passage in Residential Facilities for the Aged, in: Lyn H. Lofland (Hrsg.), Toward a Sociology of Death and Dying, 2. Aufl,, Beverly Hills/Cal. – London 1977, S. 115 - 134
Martinson, Ida M., Alternative environment for care of the dying child: hospice, hospital or home, in: Olle Jane Z. Sahler (Hrsg.), The Child and Death, St. Louis/Miss. 1978, S. 83 - 91
Matthews, W. R., Voluntary Euthanasia: The Ethical Aspect, in: Edwin S. Shneidman (Hrsg.), Death, Palo Alto/Cal. 1976, S. 497 - 501
McNulty, Barbara, Home Care for the Terminal Patient and His Family, in: Elizabeth R. Prichard u.a. (Hrsg.), Social Work with the Dying Patient and the Family, New York 1977, S. 171 - 179
Mead, George Herbert, Geist, Identität und Gesellschaft, hrsg. von Charles W. Morris, Frankfurt/M. 1968 (Originalausgabe: Mind, Self and Society, hrsg. von Charles W. Morris, Chicago 1934)
Menninger, Dieter, Belügt uns nicht!, Stuttgart – Berlin 1978
Mervis, Phyllis, Talking about the Unmentionable: A Group Approach für Cancer Patients, in: Elizabeth R. Prichard u.a. (Hrsg.), Social Work with the Dying Patient and the Family, New York 1977, S. 233 - 241

Mayer-Scheu, Josef, Bedingungen einer Sterbenshilfe im Krankenhaus, in: Wilhelm Bitter (Hrsg.), Alter und Tod – annehmen oder verdrängen?, Stuttgart 1974, S. 59 - 70
Mitford, Jessica, Der Tod als Geschäft, Olten – Freiburg/B. 1965 (Originalausgabe: The American Way of Death, New York 1963)
Moody, Raymond A., Leben nach dem Tod, Reinbek 1977 (Originalausgabe: Life after Life, Covington/Georgia 1975)
Neumann, G. und Liedermann, A., Mortalität und Sozialschicht, in: Bundesgesundheitsblatt 24 (1981), S. 173 - 181
Nolan, Thomas , Ritual and Therapy, in: Bernard Schoenberg u.a. (Hrsg.), Anticipatory Grief, New York – London 1974, S. 358 - 364
Oken, Donald, What to Tell Cancer Patients: A Study of Medical Attitudes, in: Robert F. Weir (Hrsg.), Ethical Issues in Death and Dying, New York 1977, S. 9 - 25
Okoro, John, Über die Einstellung zum Tod, Bern – Frankfurt/M. – Las Vegas 1981
Parkes, C. Murray, Evaluation of Family Care in Terminal Illness, in: Elizabeth R. Prichard u.a. (Hrsg.), Social Work with the Dying Patient and the Family, New York 1977, S. 49 - 79
Parkes, Colin Murray, The Broken Heart, in: Edwin S. Shneidman (Hrsg.), Death, Palo Alto/Cal. 1976, S. 333 - 347
Parsons, Talcott, The Social System, Gencoe/Ill. 1951
Parsons, Talcott and Lidz, Victor, Death in American Society, in: Edwin S. Shneidman (Hrsg.), Essays in Self-Destruction, New York 1967, S. 133 - 170
Pasnau, Robert O. and Hollingsworth, Charles E., The Grieving Spouse, in: Charles E. Hollingsworth and Robert O. Pasnau u.a., The Family in Mourning, New York – San Francisco – London 1977, S. 81 - 88
Pfister, Rudolf (Hrsg.), Die Friedhof-Fibel, München 1952
Pincus, Lily, . . . bis daß der Tod euch scheidet, Berlin – Wien 1982 (Originalausgabe: Death and the family, New York 1976)
Pohlmeier, Hermann, Selbstmord und Selbstmordverhütung, München – Wien – Baltimore 1978
Poss, Silvia, Towards Death with Dignity, London – Boston – Sydney 1981
Prichard, Elizabeth u.a. (Hrsg.), Social Work with the Dying Patient and the Family, New York 1977
Puzo, Mario, Der Pate, Wien – München – Zürich 1969 (Originalausgabe: The Godfather, New York 1969)
Rachels, James, Active and Passive Euthanasia, in: James B. Carse and Arlene B. Dallery (Hrsg.), Death and Society, New York – Chicago – San Francisco – Atlanta 1977, S. 113 - 119
Rahner, Karl und Vorgrimler, Herbert, Kleines Theologisches Wörterbuch, 12. neu bearb. Aufl., Freiburg – Basel – Wien 1980
Raimbault, Ginette, Kinder sprechen vom Tod, Frankfurt/M. 1980 (Originalausgabe: L'enfant et la mort, Toulouse 1977)
Ramsay, R. W. and Happée, J. A., The Stress of Bereavement: Components and Treatment, in: Charles D. Spielberger and Irwin G. Sarason (Hrsg.), Stress and Anxiety, Bd. 4, Washington – London 1977, S. 53 - 64

Redding, Ralph A., Physiology of Dying, in: Hannelore Wass (Hrsg.), Dying, Washington – New York – London 1979, S. 76 - 107
Reed, Allan W., Anticipatory Grief Work, in: Bernard Schoenberg u.a. (Hrsg.), Anticipatory Grief, New York – London 1974, S. 346 - 357
Rees, W. Dewi, Bereavement and Illness, In: Bernard Schoenberg u.a. (Hrsg.), Psychosocial Aspects of Terminal Care, New York 1972, S. 210 - 220
Reimer, C. (Hrsg.), Suizid, Berlin – Heidelberg – New York 1982
Reinicke, Peter, Sterbebeistand: Eine Aufgabe des Sozialarbeiters, in: Medizin – Mensch – Gesellschaft 8 (1983), S. 247 - 255
Rest, Franco, Den Sterbenden beistehen, Heidelberg 1981
Reynolds, V. and Tanner, R.E.S., The biology of religion, London – New York 1983
Ridder, Paul, Tod und Technik: Sozialer Wandel in der Medizin, in: Soziale Welt 34 (1983), S. 110 - 119
Riesman, David, Die einsame Masse, Hamburg 1958 (Originalausgabe: The Lonely Crowd, New Haven 1950)
Rilke, Rainer Maria, Die Aufzeichnungen des Malte Laurids Brigge, in: Sämtliche Werke, hrsg. vom Rilke-Archiv, Bd. 6, Frankfurt/M. 1977
Ringel, Erwin, Der Selbstmord, 3. Aufl., Frankfurt/M. 1984
Roegele, Otto B., Soll die Kirche vom Tod sprechen?, in: Karl Forster (Hrsg.), Befragte Katholiken - Zur Zukunft von Glaube und Kirche, Freiburg – Basel – Wien 1973, S. 143 - 150
Rosbach, Jutta, Mit dem Tod ist Schluß, in: Die Zeit 38 (1983), Nr. 26, S. 45
Rosenstock-Huessy, Eugen, Soziologie, Bd I, Stuttgart 1956
Rüping, Hinrich, Für ein Transplantationsgesetz, in: Medizin – Mensch – Gesellschaft 7 (1982), S. 77 - 84
Sahler, Olle Jane Z. (Hrsg.), The Child and Death, St. Louis/Miss. 1978
Sanders, Joseph, Euthanasia: None Dare Call It Murder, in: James P. Carse and Arlene B. Dallery (Hrsg.), Death and Society, New York – Chicago – San Francisco – Atlanta 1977, S. 147 - 162
Saunders, Cicely, St. Christopher's Hospice, in: Edwin S. Shneidman (Hrsg.), Death, Palo Alto/Cal. 1976, S. 516 - 523
Satterwhite, Betty B. u.a., Parent groups as an aid in mourning and grief work, in: Olle Jane Z. Sahler (Hrsg.), The Child and Death, St. Louis/Miss. 1978, S. 211 - 218
Scheftelowitz, J., Die Zeit als Schicksalsgottheit in der indischen und iranischen Religion, Stuttgart 1929
Scheler, Max, Tod und Fortleben, in: Ders., Schriften aus dem Nachlass. Bd. I. hrsg. von Maria Scheler, 2. Aufl., Bern 1957, S. 9 - 64
Schmeling, Christoph u.a., Sterben im Krankenhaus, in: Medizin – Mensch – Gesellschaft 7 (1982), S. 140 - 149
Schmidtchen, Gerhard, Protestanten und Katholiken, Bern – München 1973
Schmoll, Hans-Joachim, Sterben als sozialer Prozeß, in: Ernst Engelke u.a. (Hrsg.), Sterbebeistand bei Kindern und Erwachsenen, Stuttgart 1979, S. 40 - 48
Schoenberg, B. Mark (Hrsg.), Bereavement Counseling, Westport/Conn. – London 1980
Schoenberg, B. u.a. (Hrsg.), Anticipatory Grief, New York – London 1974

Schoenberg, Bernard and Carr, Arthur C., Educating the Health Professional in the Psychosocial Process of the Terminally Ill, in: Bernard Schoenberg u.a. (Hrsg.), Psychosocial Aspects of Terminal Care, New York 1972, S. 3 - 15
Schoenberg, Bernard and Carr, Arthur C., Loss of External Organs: Limb Amputation, Mastectomy, and Disfiguration, in: Bernard Schoenberg u.a. (Hrsg.), Loss and Grief: Psychological Management in Medical Practice, New York 1970, S. 119 - 131
Schwägler, Georg, Soziologie der Familie, 2. Aufl., Tübingen 1975
Sekretariat der Deutschen Bischofskonferenz (Hrsg.), Menschenwürdig sterben und christlich sterben, o.O. 1978
Shibles, Warren, Death, Whitewater/Wisc. 1974
Shneidman, Edwin S., Death Work and Stages of Dying, in: Ders. (Hrsg.), Death, Palo Alto/Cal. 1976 (a), S. 443 - 451
Shneidman, Edwin S., Postvention and the Survivor - Victim, in: Ders. (Hrsg.), Death, Palo Alto/Cal. 1976 (b), S. 347 - 356
Shneidman, Edwin S., The Enemy, in: Sandra Galdieri Wilcox and Marilyn Sutton (Hrsg.), Understanding Death and Dying, 2. Aufl., Palo Alto/Cal. 1981, S. 329 - 340
Shorter, Edward, Die Geburt der modernen Familie, Reinbek 1977 (Originalausgabe: The Making of the Modern Family, New York 1975)
Silverman, Phyllis Rolfe, The Widow-to-Widow Program: An Experiment in Preventive Intervention, in: Edwin S. Shneidman (Hrsg.), Death, Palo Alto/Cal. 1976, S. 356 - 363
Simpson, Michael A., Social and Psychological Aspects of Dying, in: Hannelore Wass (Hrsg.), Dying, Washington – New York – London 1979, S. 108 - 136
Slater, Eliot, Wandlung der ethischen Auffassung über Euthanasie in England, in: Wilhelm Bitter (Hrsg.), Alter und Tod - annehmen oder verdrängen?, Stuttgart 1974, S. 139 - 146
Sophokles, Oedipus in Kolonos, übersetzt von Franz Bader, Jever 1895
Spiegel, Yorick, Der Prozeß des Trauerns, München – Mainz 1973
Sporken, Paul, Sterbebeistand: Aufgabe und Ohnmacht, in: Ernst Engelke u.a. (Hrsg.), Sterbebeistand bei Kindern und Erwachsenen, Stuttgart 1979, S. 30 - 39
Sporken, Paul, Hast du denn bejaht, daß ich sterben muß?, Düsseldorf 1981 (Originalausgabe: Heb jij aanvaard dat ik sterven muet, Baarn 1981)
Sporken, Paul, Menschlich sterben, Düsseldorf 1972 (Originalausgabe: De laatste levensphase, Bilthoven 1972)
Sporken, Paul, Umgang mit Sterbenden, Düsseldorf 1973
Statistisches Bundesamt (Hrsg.), Statistisches Jahrbuch 1975 für die Bundesrepublik Deutschland, Stuttgart – Mainz 1975
Statistisches Bundesamt (Hrsg.), Statistisches Jahrbuch 1980 für die Bundesrepublik Deutschland, Stuttgart –Mainz 1980
Statistisches Bundesamt (Hrsg.), Statistisches Jahrbuch 1982 für die Bundesrepublik Deutschland, Stuttgart – Mainz 1982
Stein, Rosemarie, „Wer mich behandelt, kommt vor den Kadi". Was will eigentlich die Deutsche Gesellschaft für Humanes Sterben?, in: Medical Tribune 17 (1982), Nr. 47, S. 24 und 27

Sudnow, David, Organisiertes Sterben, Frankfurt/M. 1973 (Originalausgabe: Passing On, Englewood Cliffs/N. J. 1967)
Tausch, Anne-Marie, Gespräche gegen die Angst, Reinbek 1981
Taylor, Loren F., A Statutory Definition Of Death in Kansas, in: Journal of the American Medical Association 215 (1971), S. 296
Titchener, James L. and Kapp, Frederic T., Family and Character Change at Buffalo Creek, in: The American Journal of Psychiatry 133 (1976), S. 295 - 299
Toynbee, Arnold, Various Ways in Which Human Beings Have Sought to Reconcile Themselves to the Fact of Death, in: Edwin S. Shneidman (Hrsg.), Death, Palo Alto/Cal. 1976, S. 13 -44
Tucker, vs. Lower, abgedruckt in: Richard F. Weir (Hrsg.), Ethical Issues in Death and Dying, New York 1977, S. 125 - 128
von Uexküll, Thure, Kommentar zur Übertragbarkeit der Beobachtungen David Sudnows, in: David Sudnow, Organisiertes Sterben, Frankfurt/M. 1973, S. 231 - 237
Vachon, Mary L.S. u.a., The Use of Group Meetings with Cancer Patients and Their Families, in: Jean Taché u.a. (Hrsg.), Cancer, Stress, and Death, New York – London 1979, S. 129 - 139
Valentien, Otto, Der Friedhof, München 1953
Veatch, Robert M., Brain Death, in: Edwin S. Shneidman (Hrsg.), Death, Palo Alto/Cal. 1976, S. 232 - 240
Veatch, Robert M., Defining Death Anew, in: Hannelore Wass (Hrsg.), Dying, Washington – New York – London 1979, S. 320 - 359
Veatch, Robert M., Death, Dying, and the Biological Revolution, 4. Aufl., New Haven – London 1978
Vovelle, Michel, Mourir autrefois, o.O. 1974
Walther, Gotfried F., Die Feststellung des Todes, in: Rabanus Maurus-Akademie (Hrsg.), Stichwort: Tod, Frankfurt/M. 1979, S. 23 - 36
Wass, Hannelore, Death and the Elderly, in: Dies. (Hrsg.), Dying, Washington – New York – London 1979, S. 182 - 207
Weber, Max, Die protestantische Ethik und der Geist des Kapitalismus, in: Ders., Gesammelte Aufsätze zur Religionssoziologie, Bd. 1, 5. Aufl., Tübingen 1963, S. 17 - 206
Weber, Max, Wissenschaft als Beruf, in: Ders., Gesammelte Aufsätze zur Wissenschaftslehre, 3. Aufl., Tübingen 1968, S. 582 - 613
Weir, Robert F., Introduction, in: Ders. (Hrsg.), Ethical Issues in Death and Dying, New York 1977, S. XI - XXI
Die neue Weise vom Tod des Jedermann, in: Der Spiegel 31 (1977), Nr. 27, S. 158 - 166
Weisman, Avery D., On Dying and Denying, New York 1972
Wellhöfer, Peter R., Selbstmord und Selbstmordversuch, Stuttgart 1981
Wiesenhütter, Eckart, Blick nach drüben, 4. Aufl., Gütersloh 1977
Wissenschaftlicher Beirat der Bundesärztekammer, Kriterien des Hirntodes, in: Deutsches Ärzteblatt – Ärztliche Mitteilungen 79 (1982), Heft 14, S. 45 - 55
Wittkowski, Joachim, Tod und Sterben, Heidelberg 1978
Witzel, Lothar, Das Verhalten Sterbender, in: Wilhelm Bitter (Hrsg.), Alter und Tod - annehmen oder verdrängen?, Stuttgart 1974, S. 81 - 96

Ziegler, Jean, Die Lebenden und der Tod, Darmstadt – Neuwied 1977 (Originalausgabe: Les vivants et la mort, Paris 1975)
Zola, Irving Kenneth, Culture and Symptoms, in: American Sociological Review 31 (1966), S. 615 - 630
Zulehner, Paul Michael, Heirat – Geburt – Tod, Wien –Freiburg – Basel 1976

Sachregister

In das Sachregister wurden nur Sichworte und Seitenangaben aufgenommen, die *nicht* aus den Kapitelüberschriften erschlossen werden können.